あたらしい国語科指導法

六訂版

柴 田 義 松

阿 部 　 昇

鶴 田 清 司

編著

学 文 社

執　筆　者

＊柴田　義松　東京大学（名誉教授）　第1章第1節，第4章第1節

＊阿部　　昇　秋田大学　第1章第2節，第2章第3節

　　　　　　　第4章第2節，第5節―第6節

　　　　　　　第5章第6節

　中村　哲也　岐阜聖徳学園大学　第1章第3節

＊鶴田　清司　都留文科大学　第1章第4節―第5節，第2章第2節

　　　　　　　　　　　　第3章第1節―第3節，第6章第1節

　中村　敦雄　明治学院大学　第2章第1節

　大内　善一　茨城大学（名誉教授）　第2章第4節

　森　　篤嗣　京都外国語大学　第2章第5節

　加藤　郁夫　大和大学　第2章第6節

　足立　幸子　新潟大学　第2章第7節，第5章第1節

　小林　義明　元学習院女子大学（非常勤）　第4章第3節

　須貝　千里　山梨大学（名誉教授）　第4章第4節

　藤川　大祐　千葉大学　第5章第2節

　堀内　多恵　宇都宮市立豊郷中央小学校　第5章第3節

　二杉　孝司　金城学院大学（名誉教授）　第5章第4節

　高橋　俊三　元群馬大学　第5章第5節

　上條　晴夫　東北福祉大学　第5章第6節

　望月　善次　岩手大学（名誉教授）　第6章第2節

　足立　悦男　島根大学（名誉教授）　第6章第3節

（執筆順　＊印は編著者）

ま　え　が　き

　本書は，主に国語科の教師になることをめざして大学で「国語科教育法」を学ぶ学生向けのテキストとして編集したものである。が，それとともに現在の国語科教育のあり方について疑問を抱き，強い研究的関心をもつ教育関係者にも広く読まれることを想定して，執筆や編集にあたった。

　「あたらしい国語科指導法」と名づけたことにはそれなりの理由がある。3人の編者が事前に協議し，確認した「編集方針」は次のようなものである。

1) 大学の「国語科教育法」のテキストとして広く採用されることを企図するとともに，小・中学校や高等学校の研究熱心な教師にも国語科教育の新しい入門書として役立つような書物にする。

2) 従来の概説書的，学習指導要領解説書的なテキストではなく，民間の教育研究の成果もふまえて，類書にない斬新な構成と内容をもった理論的かつ実践的なテキストにする。

3) 国語科教育の現状に対する批判的考察も含めて，その新しいあり方をデザインするような問題提起性のある書とする。特に，国語科で何をこそ教えるかという観点から，その〈教科内容〉が明らかになるようにする。

4) 小学校から高等学校までの国語科教育全体を対象とし，なるべく具体的な授業のイメージがもてるように記述する。ただし，マニュアル的な書き方ではなく，読者の実践意欲を高めるような刺激的（インセンティヴ）な論述を心がける。

　このうち，特に2)と3)について補足説明をしておきたい。

　2)は，これまでの「国語科教育法」のテキストに対する反省に基づいている。今までによくあるパターンは，従来の国語科教育学説や学習指導要領に準拠して，国語科の領域ごとに指導内容や方法を解説するというものであった。これは体系的ではあるが，ともすると網羅的・総花的になり，読者にとって魅力に乏しいものになりがちであった。抽象的な一般論に陥りやすいからである。ま

た，既存の教育学説や学習指導要領を相対化する視点がなく，民間の教育研究運動の成果を盛り込むこともできなかった。これでは国語科の授業実践に対する改革や研究の質を高めることにはならない。そこで本書は，そうした既成の枠組をできるだけなくし，従来にない斬新なテキストとなるように心がけた。

　3)は，従来の「国語科教育」に対する反省である。これまでの国語科は「言語事項」を除いて，一般に〈教科内容〉があいまいであった。「話すこと・聞くこと」「書くこと」「読むこと」に関する知識，方法，技術として何を学んだか，はっきりしないのである。これは，私たち編集者が共有する問題意識であった。ためしに読者自身が，学校の授業を通して「話し方」「書き方」や「読み方」が身についたかどうか自問してみるとよいだろう。最近の各種調査でも「国語ぎらい」の児童・生徒が多くなっているといわれているが，その主要な原因の一つとして，こうした〈教科内容〉のあいまいさとそれに基づく達成感・上達感の欠如があるのではないだろうか。

　そこで本書では，国語科で何を学ばせるか，何を教えるかという教科内容論の観点を大切にして，執筆や編集に取り組むことにした。したがって，従来の授業に対する批判や新しい主張なども盛り込んでいる。各領域で先端的な成果をあげている気鋭の研究者・実践者に執筆を依頼し，指導法に関する部分では「何をどう学ばせるか」という授業の具体的なイメージがもてるように記述してもらった。その結果，現在の国語科授業の改革に向けて，かなり問題提起性のあるテキストになったのではないかと自負している。

　本書は2003年の初版刊行以来，これまで多くの大学でテキストとして使っていただいてきた。今回，「言葉による見方・考え方」「NIE」など国語科教育の新しい流れを盛り込みながら増補改訂をした。また「国語科教育の基本文献」についても全面的に見直しをおこない，ここに六訂版を刊行することとなった。

　本書をお読みになった多くの読者から率直な感想や批判をお寄せいただければ幸いである。

　2021年2月

編著者

目　　次

第1章　国語科教育の目的

第1節　ことばを学ぶこと・ことばを教えること

1　ことばの発達過程

　子どもは，生まれて間もなくから人間のことばを学び始める。ことばは，お互いの願望や意思を伝え合うコミュニケーションの手段であるからだ。ただし最初は，感情発露的なことばであって，本能や無条件反射に根源をもつ。それは表情や身振りと結びついており，動物でもお互いの社会的感情の表現を理解するといわれるが，ことばの発達のうえでは前知能的段階のことばである。実は，子どもの知能の発達のうえでも，動物における道具の利用に見られるような前言語的段階がある。このように発生的に異なる両者が結びついて，ことばが知能的となり，思考が言語的となるのは2歳頃からである。

　この転換点は，子どもが「これ，なに？」と物の名前を問いだし，自分の語彙を自ら拡大し始めることにあらわれる。実際に，それ以後子どもの語彙は飛躍的に増大するようになる。このようにして，ことばが子どもの知的活動に加わり，子どもと周囲の自然的・社会的環境との間の相互関係を媒介する道具として機能し始めると，子どもの精神活動は根本的な変革と発達をとげるようになる。大脳生理学者のパブロフは，この変革を第2信号系の理論によって説明した。「こうして，神経活動の新しい原理—すなわち，第1信号系の無数の信号を抽象し，一般化し，さらにこれらの一般化された信号を分析し，総合する原理が生じた。それは，まわりの世界に対する無限の定位を可能にし，人間の高度の適応，すなわち，人類の普遍的な経験的知識としての，またその特殊化された形態としての科学を創造する原理なのである。」

　ことばを学ぶことによって，人間の精神活動が根本的な変革と発達をとげる

ことをより詳しく，しかも教育との関係において分析し，解明しているのは，ヴィゴツキーである。ヴィゴツキーの発達理論は，二つの基本的仮説に基づき，それを実験的にも解明しながら構成されたものである[1]。

　人間を他の動物から区別する基本的特徴が，社会的・歴史的に形成されてきた道具をもって自然に立ち向かう生産労働にあり，これによって人間と自然との関係が道具を媒介とする間接的なものとなるのと同じように，人間に特有な高次の精神活動（随意的注意，論理的記憶，概念的思考など）はすべて「精神的生産の道具」を媒介としておこなわれるというのが，第一の仮説である。この「道具」となるのは，記号であり言語である。この道具も，人びとの社会的共同活動のなかで歴史的に形成されてきたものである。それが個々人の精神活動の道具となるためには，それを「わがものとする」学習が必要である。この道具の習得に伴って子どもの精神活動は根本的な変革と発達をとげる。

　そして，第二の仮説は，人間の内面的な精神過程は，外面的な「精神間的」活動から発生するというものである。人間に特有な精神活動は，はじめは人びととの共同活動のなかで発生する外的な「精神間的」過程であるが，それがやがて個々人の「精神内的」機能に転化するというのである。これは言い換えれば，あらゆる人間的な精神活動は，一定の形式においてまわりの人びとから教えられ学ばれるのであって，自然的に付与されたものではないということである。たとえば，子どもの注意は，はじめは大人の発する刺激を媒介としている。大人の身振り手振りをまじえた対象指示によって子どもの注意は方向づけられる。しかし，しだいに子どもは自分自身が大人に代わって類似の手段を使いながら自分の注意を方向づけるようになるのである。

　ヴィゴツキーが最も力を入れて分析したのは，言語活動におけるこのような転化，すなわち外言から内言への移行過程であった。就学前の子どもはよく「ひとりごと」を言う。一人でいるときだけでなく，友だちと遊んでいるときにも，隣りの子に話しかけるのではなく，自分一人で大きな声で話している。ピアジェが，3歳から5歳までの子どもの発言を記録して調べたところでは，このようなひとりごとが54–60%を占めていた。ピアジェは，このようなひと

りごとを，子どもの心理の自己中心性のあらわれと見て，自己中心的言語と名づけた。それは，他人に話しかけるということばの本来の機能を果たさず，たんに子どもの活動に伴う伴奏のようなもので，子どもの思考における自己中心性と同様，子どもが成長し，社会生活に適応していくにつれて（つまり，社会化するにつれ）だんだんに消滅していくものだと考えた。

　ヴィゴツキーは，ピアジェのこのような説明に異論を唱えた。彼の上述の仮説に従えば，ことばも最初はもっぱら社会的コミュニケーションの機能であるが，後にそれが内言となり，頭のなかでの言語的思考となる。ヴィゴツキーは，子どものひとりごとが，活動の過程に何かの障害が現れるときに特に明瞭に増加することを実験的に確かめた。そこでヴィゴツキーは，このような子どものひとりごとは，ピアジェのいうような自己中心性のあらわれではなくて，子どもが自分の行動を調整したり，その場の状況に適応するよう組織化するのを助ける役割をしているのだと考えた。このような考えは，いくつかの実験によっても確証された。つまり，5歳頃の子どもに最も多くあらわれるひとりごとは，短い断片的な文でできているが，明らかに子ども自身の行動の調整の手段となっている。より年長の7歳頃の子どもになると，だまって問題を解決してしまう。こうしてみると，4，5歳頃に子どものことばは，他人に向けて自分の願いを訴えたり，自分の考えを伝えたりするコミュニケーションの手段としての役割のほかに，より複雑な考えを形成したり，それによって自分の行動を調整する役割を果たすようになる。さらに，こうしたひとりごとは，しだいに小さなささやき声になり，ついには内言に転化してしまう。内言は，外言と比較して極度に断片的であり，圧縮された形式のことばである。だから，3歳の子どもと7歳の子どもとでは，どちらのひとりごとが他人に理解されやすいかというと，7歳の子どもの方が難しい。ヴィゴツキーは，このようにして子どものひとりごと，あるいは自己中心的ことばは，子どものことばが，社会的ことば─自己中心的ことば─内言と発達する過程で，外言から内言への移行期に，内言の前段階としてあらわれるものと見たのである[2]。

2　ことばと思考の発達との関連

　このようなことばの発達と関連して，子どもの注意，思考，記憶，想像，意志などの精神活動全体が重要な発達をとげる。ことばの貧しい子は，一般的にいって考えることも貧弱である。「シズカニセイ」，「ベンキョウシタンカ」，「ハヨネエ」といった単純な命令口調のことばだけが飛び交う環境で育った子は，論理的に物事を考えていく態度や思考がなかなか身についていかない。逆に，ていねいなことば使いが基調となっている家庭の子は，一般に論理的思考力にもたけているといわれている[3]。イギリスの社会言語学者バーンステインは，「制限コード」と「洗練コード」という二種類の言語環境の相違としてこの問題を論じている。彼の調査によると，この言語環境の相違により知能指数にも明瞭な差異が生じている。

　子どもの思考が，感覚運動的段階から，前操作的表象—具体的操作—形式的操作へと，段階を追って発達することは，ピアジェの研究によって明らかにされている。このような思考の発達に言語活動の発達が深い関わりをもっているのだが，ここで注意を要するのは，一つ一つの言葉を現実の無数の信号を抽象し一般化した信号として理解するには，それ相応の抽象的思考が必要とされ，子どもは徐々にのみそのような言葉の意味の理解に達するということである。また，それと関係して，子どもにおけることばの発達と，抽象的・論理的思考の発達とは，必ずしもいっしょに歩調を合わせて進むものではないということである。たとえば，子どもの発達においては，文法が論理に先行する。子どもは，「だから」「したら」「けれど」のような文形式の構造を，現実の因果関係・順序関係・矛盾関係を認識するずっと前に習得する。子どもは，思考の構文論を習得する前に，ことばの構文論を習得するのである。

　ことばは，対人的コミュニケーション行為であったものが，内言に転化することで対自的思考行為となることを上で述べたが，それと同時期に現代の子どもでは，書きことばの学習も始まり，話しことば—内言—書きことば，という三者の複雑な相互関係が始まることになる。複雑な思考は，基本的には内言でおこなわれるものである。内言は，その働き（機能）のうえでも構造のうえで

も話しことばとは大きく異なっている。すなわち，構文法の単純性，最小限の構文法的分節化，凝縮した形での思想の表現，述語主義などを特徴とする。構文法上これと正反対の関係にあるのが，書きことばである。

　書きことばは，最大限に展開された，形式的には話しことば以上に完全な社会的ことばである。書きことばは，他人に最大限に理解されることをめざしている。その意味で，社会化されたことばである。社会化されたことばというのは，ピアジェのいう自己中心性を脱却したことばであり，論理的に組み立てられ，だれにも理解できることばである。自己中心的ことばや内言は対自的ことばであって，他人への働きかけや理解を必要としないことばであるが，その内言と結びついた思考過程を通して社会的ことばが真に社会化された書きことばとなるというところに，ことばの発達の弁証法がある[4]。これら三つの形態のことばの機能的・構造的相違と相互の関連のなかに，ことばの教育の意義や方法を考えるうえでの重要な鍵もありそうだ。

3　話しことばの発達と書きことばの学習

　子どもの書きことばの発達と話しことばの発達との間に大きなへだたりがあることは，経験的にもよく知られている。書きことばは，話しことばの文字記号へのたんなる「引き移し」ではない。もしそうだとしたら，文字の書き方を覚えさえすれば，小学生の文章はただちに話しことばと同じ水準の豊かさをもちうるはずであるが，そうはいかない。高学年になっても，就学前の子どもの話し方に似た文しか書けない子どもがいる。書きことばの習得には，話しことばの習得とは別の心理機能が働かねばならないのである。それは何か？

　話しことばにおいては，どんな単語もほとんど無意識的に発音されている。文法についても同じで，動詞の語尾変化とか格助詞（が，は，を，に，へ，など）の使い方をいちいち意識して使うことはない。子どもは，学校へ来るまでに，これらの文法上の規則を生活のなかで，ほとんど自然のうちに習得し，話しことばのなかでは無意識的に正しく使うことができるようになっている。

　ところが，書きことばにおいては，子どもはすべて意識的に行動しなければ

ならない。単語の音節構造を意識し，単語をいくつかの音節に分解し，それら
を一つ一つ文字記号にあてはめていかねばならない。さらに，文を作るときも
まったく同様で，意識性・随意性は，書きことば全体をつらぬく赤い糸となっ
ている。書きことばにこのような随意性が求められるのは，書きことばのもう
一つの重要な特質である高度の抽象性からきている。ことばは，もともとすべ
ての単語が一般的・抽象的なものであるが，書きことばには，その上さらに二
重の抽象性が要求される。

　第一に，書きことばは，ことばの本来的な特質である音声を欠いた，頭のな
か，表象のなかのことばである。書きことばの学習は，ことばの感性的側面を
捨象した抽象的なことば，ことばの表象を利用する言語活動への移行を意味す
る。第二に，書きことばは，話し相手のいないモノローグであり，白い紙との，
あるいはたんに表象されるだけの想像上の対話者との会話である。子どもが書
きことばを学習する際の基本的困難はまさにここにある。このことに関連して，
子どもには書きことばに対する欲求とか動機というものが，話しことばと比べ
るとまったく乏しいということが重要である。

　言語的コミュニケーションの欲求は，幼年時代を通して常に発達し，それ
が話しことばの発達の重要な要因となっている。話しことばは，生活の具体的
状況と不可分に結びついており，状況から自然に流れ出る活動である。ところ
が，書きことばの場合は，そのような状況を自分でつくり出し，頭のなかに描
き出さねばならない。その必然性，つまり動機が子どもには欠けている。子ど
もの話しことばと書きことばとの間にある年齢的ギャップは，このような相違
にその基本的根拠がある。自然発生的・無意識的・無自覚的活動としての話し
ことばに対して，書きことばは，高度の抽象性と自覚性・随意性を特徴とする。
そして，書きことば＝文字を学び始めの子どもたちには，書きことばの基礎に
あるこれらの基本的な精神機能が未発達であり，始まったばかりなのである。

　書きことばの発達にとっては，個々の文字が読めたり書けたりするだけでは
まったく不十分であり，子どもの生活や遊びを通して，文字学習の前提となる
条件をつくり出し，読み書きへの関心や動機を呼び起こしながら，書きことば

の教育を進めていくことが大切なのである。このような準備なしにおこなわれる文字学習は，読み書きのメカニズムのたんなる機械的習得となる。文字学習が，子ども自身の動機や必要性に支えられていない場合，読み書きの作業は，教師の言いなりに動く機械的な作業となり，苦痛な労働になってしまう恐れがある。

　しかし他方，書きことばの発達を生活のなりゆきにまかせ，子どもにおける精神機能の成熟や欲求の自然的発露を待って始める児童中心主義の誤りに陥ることも避ける必要がある。それは，生活のなかで自然と身についていく話しことばの発達と書きことばの発達の道筋との基本的相違を無視することからくる誤りである。書きことばに対する動機は，社会的・文化的環境のなかで，教師の指導を媒介としてはじめて発生するのである。ただし，教師の指導技術としては，この非自然発生的な書きことばが，子どものなかにあたかも自発的な要求として発生し，発達するように導くことが大切である。遊びのなかで読み書きの要求を発達させる自然的方途は，これまでにも多くの優れた教師によって開発されてきた[5]。「絵画や遊びと密接に結びついた読み書きの学習は，就学前の教育と学校での学習とを結ぶ架け橋の一つとなる」ことをウクライナの著名な教師スホムリンスキーも詳しく説明している[6]。

　非自然発生的な概念や動機を自然的に発生させる—このパラドックスのなかに教育技術の核心がある。書きことばは抽象的なことばであり，抽象的思考を要求する。それであるだけに，書きことばの教育においては，具体的な生活との結びつきが格別に重視されねばならない。読み書きが子どもにとって自然的要求であるように学習を組織するということは，それを必要とするような具体的状況を生活のなかにつくり出すことを意味する。綴り方の教育において生活綴方の方法が重視されるのもそのためである。生活綴方の教育は，日本の教師の長年にわたる実践のなかで編み出された方法であるが，それはたんに綴り方の作品を書くことだけを目的とするのではなく，むしろそのような綴り方の指導を通して生活意欲や生活的知性の発達をめざすところに大きな特徴がある。それは，まさに書きことばを子どもの家庭・学校・地域での生活と結びつけ，

生活的事象の正しく豊かな見方・考え方を育てることと合わせて綴り方の指導をおこなうのである[7]。

ところで，ヴィゴツキーの分析によれば，話しことばと書きことばとの上述のような関係は，子どもの生活的概念と科学的概念，あるいは母語の発達と外国語の学習などにも共通する関係である。子どもは，科学的概念の習得を通して自分のもっている生活的概念を自覚するようになるし，外国語の学習を通して母語の文法を自覚するのである。

学習の開始期における精神機能の未成熟も，子どもの精神発達と学校における教授との関係を考えるうえでの基本的前提となるものである。ヴィゴツキーの有名な「発達の最近接領域の法則」，すなわち，教授は子どもにおいてすでに成熟した機能に基づいておこなわれるのではなく，まさに成熟せんとしつつある機能，つまり発達の最近接領域にある機能を呼び起こし，発達させるようなものでなければならないという考えも，このような関係の認識から生まれたものなのである。　　　　　　　　　　　　　　　　　　　　［柴田　義松］

注
（1）　ヴィゴツキー，柴田義松訳『精神発達の理論』明治図書，1970年。
　　　　ヴィゴツキー，柴田義松他訳『思春期の心理学』新読書社，2004年。
（2）　ヴィゴツキー，柴田義松訳『思考と言語』新読書社，2001年。
（3）　岸本祐史『見える学力，見えない学力』大月書店，1981年。
（4）　（2）と同じ。
（5）　アイダロワ『子供の精神発達と言語学習』ナウカ社，1989年。
（6）　スホムリンスキー，笹尾道子訳『教育の仕事』新読書社，1971年。
（7）　柴田義松編『国語の基礎・基本の学び方』明治図書，2002年。

参考文献
ヴィゴツキー，柴田義松訳『思考と言語』新読書社，2001年。
ヴィゴツキー，柴田義松他訳『新児童心理学講義』新読書社，2002年。
　　　前者は，子どものことばと思考の発達およびそれと教育との関係を論述した古典的ともいえる名著である。最近，欧米でもその評価が高まっている。後者は，小学生までの思考と中学生の論理的・概念的思考との比較が興味深いし参考になる。
柴田義松『ヴィゴツキー入門』子どもの未来社，2006年。

第2節　国語科教育の目的

1　国語科教育の目的についてのさまざまな主張

　国語科教育の目的について，現在までさまざまな主張が展開されてきた。それらを，大きく分類するとおおよそ次のようになる。

　a　言語を理解し表現する方法・技術を身につけさせる。

　b　認識力・思考力を身につけさせる。

　c　よりよい人間の形成をはかる。

　a は，言語を使いこなすための実践的・実用的な方法・技術を身につけさせようという目的論である。文章を読んだり書いたりする能力や音声言語によって人びとと伝え合う能力をつけていくことに，国語科教育の目的を設定する。

　b は，ものごとを認識していく力，論理的に思考する力を身につけさせようという目的論である。認識する力，思考する力というと，何か国語科の域を超えるようにも思えるが，認識も思考も結局は言語によっておこなうわけで，国語科教育によってその力を高めようということである。

　c は，国語科教育によってよりよい人格，よりよい人間を形成していくという目的論である。戦前では「知徳ヲ啓發」[(1)]「國民精神ヲ涵養」[(2)] という形で，戦後は「民主的な社会に望ましい人間を形成する」[(3)] という形で示されてきた。「民族的自覚をめざめさせる」[(4)]「人間形成・世界観のやしない」[(5)] などの主張もあった。

　これらは，あるときは対立的にあるときは融合的に論じられ，今日に至っている。

2　三つの目的論をどう整理するか

　国語科教育の目的論として，上記 a, b, c の三つのうちいずれか一つを選択していくという場合が少なくない。たとえば国語科教育は，言語の理解・表現の能力を身につけさせることを中心におこなわれるべきであって，人格形成・

人間形成などにまで立ち入るべきでないといった考えである。特に言語技術あるいは日常生活における言葉の適切な使い方の指導を重視すべきであるという立場もこれに含まれる。他方では，国語科教育では，民主的な社会の形成者を育てることをめざしていくべきであって，言語の理解・表現の能力といったことを自己目的化することは危ないといった考えもある。

　しかし，本来a, b, cの三つの目的は，対立的に考えるべきではなく，統一的に達成していくという方向で考えていく必要がある。問題は，どのようにこれら三つを統一的に把握し指導していくかである。

　まず，aをめざす指導によって，子どもたちはさまざまな能力を身につけていくことになる。たとえば，説明的文章の指導ならば，「どういった具体的な事例を前提にしながら結論が導き出されているかを検討する」「前提と結論の間に無理な飛躍はないかを検討する」「その事実について，筆者が示している解釈とは別の解釈をする余地はないかを検討する」などという読みの方法を使いながら文章を読んでいくことで，子どもたちは読みの能力を身につけていく。討論の指導ならば，「相手が使っている用語に曖昧さはないかを疑ってみる」「相手が出した具体例に典型性があるかどうかを疑ってみる」「主張の背後に隠れた前提がないか疑ってみる」などという方法を使いながら討論を展開するなかで，子どもたちは討論の能力を身につけていく。

　しかし，この読みの力や討論の力を身につけることは，文章をより的確に読むことができるようになった，討論がより上手くできるようになったということにとどまらない効果がある。それによって，ものごとを認識する力，論理的にものごとを考える力を，同時につけていくことになる。bの領域である。

　たとえば，「その事実について，筆者が示している解釈とは別の解釈をする余地はないか」は，文章を読む方法ではあるが，同時に文章読解を超えたものごとの認識の仕方でもある。ある社会事象について，一人の評論家が一つの解釈を示す。私たちは，その解釈の見事さに「なるほど」と納得する。しかし，それで終えずに「だが待てよ，他の解釈の可能性はないか」と考え直してみる。必要ならば他の評論家の解釈を探してみる。必要な文献・資料に当たってみる。

　それらを総合しながら，自分なりの解釈をつくり出していく——ということにもつながっていく。それが，やがては自己内対話という形に発展していくこともある。

　また，物語・小説ならば，実際に作品を読みながら「比喩表現が使われている部分に着目し，その異化作用を解読する」「人物が今まで見せなかった人物像を見せている部分に着目し，それを多面的に解読する」などという読みの方法を学ぶことで子どもたちは物語・小説を読む能力を身につけていく。

　これらの読みの方法，読みの力は，やはりものごとを認識する力につながっていく。たとえば「比喩等の新しい表現で日常を異化することによって，今まで気がつかなかった新しい価値を発見する」「人間のもつ意外性・多面性を意識しつつ他者を見る」等の認識力である。

　はじめは話しことば・書きことば（外言）を介しての読みの力，認識の力・思考の力という要素が大きいのかもしれないが，やがては内言としての認識の力・思考の力にもなっていく。そして，以上のような認識の力・思考の力は，当然一人ひとりの世界や社会についての見方・考え方を形作っていく。さまざまな社会事象，政治情勢，世界情勢について考えていく場合に，認識力は有効に働き，より主体的なものの見方・考え方につながっていくことになる。また，家族，友人，地域の人びと，職場の人びとなど，自分のまわりの人たちとの関係を見いだし，築いていく場合にも，そういった認識力は生きてくる。そして，自分自身を対象化し見いだしていく際にも生きるはずである。その意味で読みの力，認識の力等は，一人ひとりがものの見方・考え方を創り出すことに深く関わってくる。このことは人格の形成，人間の形成，主体性の創造にもつながっていく。

　読みの力，認識の力が，そのままものの見方・考え方，そして人間の形成に発展していく場合もあるだろうが，他方では，読みの力，認識の力がいくつかの学びや経験・知識などと組み合わせられることで，より多様なものの見方・考え方，人間形成につながっていく場合もある。

　ヴィゴツキーが，「記号」は「最初はコミュニケーションの手段であり，そ

の後においてのみ人格の行動の手段となる」[6] と述べているのも，以上のような意味においてであろう。

　これまで三つの要素を統一的にとらえることができなかったのは，一つには言語の能力を，認識力・思考力そしてものの見方・考え方（人間形成）につながるものとしてとらえるという観点が弱かったことによる。たとえば目先のテクニックとしてのみ言語の能力をとらえる傾向があった。二つには，他方で認識力・思考力そしてものの見方・考え方（人間形成）を，言語の能力と切り離して学ばせていくという考え方が少なからず存在していたことによる。

　しかし，言語の能力—認識力・思考力—ものの見方・考え方（人間形成）は，今述べてきたように統一的に把握し指導していくべきものである。

3　教材に内在する認識方法やものの見方・考え方

　今まで述べてきたことと同時に，一方では説明的文章や文学作品などの教材そのものに内在する認識のあり方，認識方法によって，それらの力を磨いていくという要素も国語科教育にはある。また，教材が読み手に呼びかけているさまざまな主張・テーマには人間や社会や世界についての見方・考え方が含まれていることが多い。それらに読み手は共感したり納得したり，あるいは反発したり批判をしたりしながら，人や社会や世界についての見方・考え方を形成していく。

　「『女のことば』と『国のことば』」（富岡多恵子）[7] では，既成のシステムに組み込まれている言葉によって，世界についての認識のあり方が強制されてしまうことが述べられている。（女性が）連れ合いを「主人」と呼ぶ。（男性が）女性の作家のことを，当然のように「女流作家」と呼ぶ。その認識のあり方の問題性を教材自身が提起している。「花を見つける手がかり」（吉原順平）[8] は，モンシロチョウがどのように花を認知するかについて書かれたものであるが，色・におい・形という三つの可能性を設定し，実験によって一つ一つ可能性を消去していくという方法が使われている。教材自体に科学的な認識方法の一つが含まれているのである。

「ごんぎつね」（新美南吉）[9] のテーマの一つに〈本来わかり合えたはずの人物相互が，誤解によって悲劇的な関係性に陥っていく〉というものがある。特に〈言葉の欠如〉〈伝え合う方法の欠如〉のもつ悲劇性というもののの見方・考え方が，そこには含まれる。「きつつきの商売」（林原玉枝）[10] のテーマに〈名付けと指さしによる日常に内在する新しい世界の発見〉〈擬音語による世界の異化〉というものがある。これらは，作品それ自体に，言語や言語による認識のあり様についての考え方が示されているといえる。

　それらの認識のあり方・認識方法，ものの見方・考え方と出会うことで，読み手は自分の認識やものの見方を多様に変容させていく。もちろんそういった過程は，子どもたちがさまざまな読みの方法を駆使しながら，作品を深く豊かに読みとることによって成立する。観念的に教師が教材を解説するだけでは変容は起こりえない。

　本節2で述べた「言語能力→認識力→ものの見方・考え方」という筋道と，この教材に内在する認識力，ものの見方・考え方とは，相対的に別の要素をもちつつも，相互に関連をもつ場合がある。「羅生門」（芥川龍之介）[11] に「今日の空模様も少なからず，この平安朝の下人の Sentimentalisme に影響した。」という記述がある。そのなかの「Sentimentalisme」という表現に着目し，それを他の表現の可能性（たとえば「感傷主義」「感傷的な傾向」など）と比較しながら読み解いていくという過程は，読みの力（方法）を身につけていく過程であり，ものごとの認識力をつけていく過程である。対象（ここでは下人の性格）を特異な表現で名付けることによって，新しい価値・新しい世界が見えてくるということ（異化作用）である。これは，自分自身でものごとを認識する場合にも応用できるし，今後こういった表現と出会ったときに応用できる認識方法である。ここでは，フランス語であることで，この人物像が平安朝，日本（京都）という時代的，空間的（地域的）制約を超えることを暗示していると読める。が，同時にこれは，この作品に内在する認識のあり方を把握する過程でもある。これはこの作品の語り手のものの見方・考え方を反映し，ひいてはこの作品の人間観（テーマ）にもつながる。

4 国語科教育の方向性

　今まで述べてきたように a, b, c の三つの要素を貫く形で目的は設定される必要がある。また，教材に内包される認識方法やものの見方・考え方（思想）に着目する必要もある。が，そういった構造をもつ国語科教育の目的の内実は，どういった方向で構想されるべきものであるのか。どういう読みの力が必要なのか。どういう認識力・思考力が必要なのか。どういうものの見方・考え方を形成し，どういう人格を形成していくことが求められているのか。それについて，いくつかの切り口を示してみたい。

　国語科教育の目的の内実は，さまざまな形で今まで提案されてきた。が，その根拠とすべきものの一つに日本国憲法そして教育基本法がある。

　日本国憲法の前文には，「主権が国民に存すること」が明記されている。また，教育基本法の第1条には「教育は人格の完成を目指し，平和で民主的な国家及び社会の形成者として必要な資質を備えた心身ともに健康な国民の育成を期して行われなければならない」とある。国語科教育の目的も，これらの観点から追究する必要がある。

　主権者としての国民を育てるということは，当然のことながら国民が主体的に国のあり方・政治のあり方を選択できるということである。その主権者としての位置は，より直接的には各種の選挙での投票という行為によって保障される。投票はいうまでもなく選択をする行為である。選択には，選択能力が必要となる。そして，選択能力の中心は，候補者の話していること・書いていること・論じていることの内実を理解し，「平和で民主的な国家及び社会」という観点から吟味し評価し批判する力である。したがって，たとえば国語科では，子どもたちが将来主権者として候補者の演説・文書・言動を十分に理解し，そのうえで主体的に吟味・評価・批判できるような力をつけていかないといけないことになる。

　また，「平和で民主的な国家及び社会の形成者」となるためには，「平和で民主的な国家及び社会」とは何なのかということを認識する力が必要となる。当然「平和で民主的」ではない国家・社会とはどういうものなのかを認識する力

　も必要となる。現在の日本という国家・社会がどれくらい「平和で民主的」であり，またないのかについての認識力も必要なはずである。

　そういった能力の構成要素として，国家や社会についての広い素養，特に教育基本法第14条でも示されている「政治的教養」なども不可欠である。高い言語能力・論理的思考力も深く関わってくる。これらの力は多くの教科で担うべきものである。が，国語科教育はその中枢を担うべき教科の一つである。現在の国語科の学習内容がその方向で設定されているのかどうか，再点検してみる必要がある。たとえば「義和団事件」と「義和団運動」との語彙の差異に気づかず，それらを見分けることのできないような国語力しか育てられない国語科教育とは，何であったのかといった再点検である。

　また，マスコミの報道を主体的に解読する力も求められる。新聞，テレビ，雑誌等のメディアの仕組みを知り，それらを深く理解し，そして吟味・評価・批判できる力をつけていかないといけない。

　メディアといえば，アジア・太平洋戦争でも，多くのメディアが戦争遂行に協力し，その惨禍を増幅することに加担した。それを受け取る国民の側にもそれを吟味・評価・批判できるだけの力がなかった。そういった状況が，現在の日本には全くないと言い切れるのかという疑いをもってみる必要がある。

　そう考えてみると，今後メディアを主体的に読み解くための教育「メディアリテラシー教育」は，国語科教育のなかに重く位置づける必要がある。リテラシー・スキルがそこでは意味をもつが，同時にメディアについての認識の力という要素を強く意識する必要がある。当然，それはメディアや社会についての見方・考え方につながる。

　国語科教育では，子どもたちが家庭や社会でまわりの人たちとよりよいコミュニケーションをとっていくための力（方法・技術）を身につけさせる必要もある。ただし，その力は社会規範を受動的に使いこなすだけのものではなく，自己認識，自他の関係認識，社会認識を伴った発信型のコミュニケーションを展開できるものでなくてはいけない。もちろん将来それぞれの職業・仕事のなかで有効に生きる質の高い言語の力を身につけさせるという観点も必要である。

　文学作品を読んでいくこと，文学作品と関わっていくことについての教育も，国語科では重要な要素である。文学作品の場合，説明的文章とは相対的に独立した読みの方法がある。それは，文学的な認識力として生きてくる。当然ものの見方・考え方にも関わってくる。また，すでに述べたように，文学作品には教材自体にものごとの認識の仕方が内包されている。文学独自の虚構という仕掛け，またさまざまなレトリックや表現などによって，世界や人間や自分自身についての認識の仕方を示してくれる。

　おそらく認識・思考のあり方には，論理や説明や概念に比重を置いたそれと，レトリックや形象や心情に比重を置いたそれとがあるはずである。それらは，互いに重なりつつも，説明的文章等の分野と文学作品等の分野でそれぞれ展開される。そして，やがては一人の人間のなかで総合されていく。

　以上のような目的に沿って，国語科教育の教科内容，教材，指導過程，授業は構成される必要がある。また，これまでの説明的文章の指導，文学作品の指導，作文指導，音声言語の指導，語彙指導，言語事項の指導などを，以上のような観点で見直しながら，その有効性・非有効性を点検してみる必要もある。

［阿部　昇］

注
（１）　文部省『小學校令施行規則』1900年，「第一章　教科及編制」。
（２）　文部省『小學校令施行規則改正〈國民學校令施行規則〉』1941年，「第一章　教則及編制」。
（３）　文部省『学習指導要領　国語科編〔試案〕』1951年，「第一章　国語科の目標」。
（４）　荒木　繁「民族教育としての古典教育」『日本文学』未来社，1953年。
（５）　国分一太郎「文学教育の目的はなにか」文学教育の会編『講座文学教育Ⅰ』牧書店，1959年。
（６）　ヴィゴツキー，柴田義松訳『精神発達の理論』明治図書，1970年。
（７）　『新現代文・三訂版』三省堂，1992年。
（８）　『ひろがる言葉・小学国語４（上）』教育出版，2015年。
（９）　『国語四年（下）はばたき』光村図書，2015年等。
（10）　『国語三年（上）わかば』光村図書，2015年。
（11）　『国語総合』筑摩書房，2013年等。

参考文献

田近洵一「国語科目標論に関する研究の成果と課題」全国大学国語教育学会編『国語科教育研究の成果と展望Ⅱ』明治図書，2013年。戦後の代表的な国語科教育の目標論（目的論）を，わかりやすく整理・分析している。到達目標の明確化の必要性など，今後の課題も示している。

第 3 節　戦後日本における学習指導要領の変遷と国語科教育の 動向——歴史のうねりのなかで，国語科教育をとらえ直す

　国語科の内容やカリキュラム編成の基準を定めているのが，学習指導要領である。1947（昭和22）年，はじめは占領国アメリカの指導要領をもとに，「試案」として出されたが，58年の改訂以降，官報による告示にかわり，法的拘束力をもって，現在に至っている。本節では，国語科の学習指導要領の変遷を中心に，とりわけ，学校現場とそれとのかかわりについて，考察してみたい。

1　戦後の「学習指導要領」の変遷—「1960年版学習指導要領」まで

　1945年 8 月15日のポツダム宣言受諾によるわが国の敗戦と，それに伴うGHQ（連合国軍総司令部）占領下での教育政策の要として，学習指導要領はスタートし，以後，ほぼ10年ごとに改訂されてきている。国語教育おけるその主な流れ・特徴はおよそ以下の通りである。

経験主義—単元学習再興　期
- ①　1947年　文部省「学習指導要領　国語科編（試案）」
- ②　1951年　「中学校高等学校　学習指導要領　国語科編（試案）」「小学校学習指導要領　国語科編（試案）」改訂

教育の現代化・系統学習期—学力の向上
- ③　1958年　「小学校学習指導要領」「中学校学習指導要領」告示
- ④　1968年　「小学校学習指導要領」告示
  - 1969年　「中学校学習指導要領」告示

言語教育への転換期
- ⑤　1977年　「小学校学習指導要領」「中学校学習指導要領」告示

新しい学力論—個性重視，読者論の全盛
- ⑥　1989年　「小学校学習指導要領」「中学校学習指導要領」告示

伝え合う力・コミュニケーション能力・発信型─国語科における「表現」の見直し

⑦　1998年　「小学校学習指導要領」「中学校学習指導要領」告示

言語活動の充実と国語学力──ゆとり教育の見直し，PISA 型「読解力」の影響，「伝統的な言語文化」

⑧　2008年　「小学校学習指導要領」「中学校学習指導要領」告示

「資質・能力」（コンピテンシー）を基盤とした教育，教科の特質に応じた「見方・考え方」，「主体的・対話的で深い学び」（アクティブ・ラーニング）

⑨　2017年　「小学校学習指導要領」「中学校学習指導要領」告示

　「47年版」「51年版」（高校は「55年版」）の指導要領は，アメリカの進歩主義的な教育思想を全面的に取り入れたもので，具体的には，子どもの経験や活動を中心においた，いわゆる「経験主義」の教育原理を基本としたカリキュラムのプランが，「試案」というかたちで提起されていた。「試案」であるから，是非とも取り入れなければならない義務的な意味合いはなかったが，58年の改訂からは，官報による公示となり，法的拘束力をもつことになる。

　この時期に発展した国語科の指導原理として代表的なものに「単元学習」がある。「47年版」の指導要領では，単元学習についての参考資料「単元を中心とする言語活動の組織」が付され，詳述されている。

　単元学習──教材と学習者の学習活動・経験を方法的・系統的に組み立てるカリキュラム構成・授業づくりの原理──は，日本においては，すでに明治期から導入され，佐藤学が言うように，「わが国の場合，単元学習の理論と様式が与えた影響それ自体は，他の諸外国と比較してみても，決して小さいものではなかった」[1]。現在でも，単元学習は現場で日常化した用語となり，その意味では，戦後の国語科教育の歴史は，まさに単元学習とともにあったと言っても過言ではない。実践的理論家の倉澤栄吉（1911‒2015）や，数多くの単元学習を自らの授業実践を通して開拓した，大村はま（1906‒2005）等の精力的な活動と相まって，単元学習は，大きく広がっていった。

　しかし，単元学習は，カリキュラム編成原理として，子どもの学習活動・学習経験を基盤とし，子どもの活動や経験を重視するあまり，子どもは何を学び，どんな学力・能力を身につけているのか不明確で，子どもの学力低下を招くという批判が高まる。特に，東西冷戦下の1957年，世界初の人工衛星スプートニク1号の打ち上げに成功したソ連の科学技術の進展に大きな衝撃を受けた，いわゆる「スプートニク・ショック」以降のアメリカの目ざましい科学教育重視の思潮―「教育内容の現代化」の動きは当然わが国へも強い影響を与えた。それまでの，経験主義的な方法は，科学性と教科＝学問の論理を欠き，学力の向上につながらないとして厳しい批判を受け，反面，これ以後，科学や学問の体系を系統立てて教える「系統主義」への関心が急速に広がっていく。

　この1950年代は，教育の国家統制が急速に強まった時代であり，52年の中央教育審議会（中教審）の設置，教科書の検定強化（55年），勤務評定（「勤評闘争」57〜58年），全国統一学力テスト（61年）をめぐる文部省と日本教職員組合（日教組）との対立が激化した。しかし，他方，58年の指導要領改訂は，教育研究運動に刺激を与え，これ以降60年代から70年代にかけて，さまざまな民間教育団体が発足し，カリキュラムの自主編成の動きが高まりをみせる。

　この動きのなかで興味深いのは，これらの団体が，「学力」や教科の「系統化」をめぐって文部省と同じ土俵に立ちながらその優位性を競っていたことである。双方とも「学力で勝負する」点では共通しており，教科や学問の論理をどう実践に生かし，系統化していくかが大きな争点となっていた。国語科に関しても数多くの民間教育団体が独自の系統化案を提起している。たとえば，教育科学研究会（教科研）・国語部会による，日本語文法教育の体系化と読み方教育における「三読法」の提唱，児童言語研究会（児言研）による「一読総合法」などの開発，西郷竹彦をリーダーとする文芸教育研究協議会（文芸研）がおこなった文芸教育の体系的指導方法の提示など，かなりの数にのぼる。この時期，生活を基盤とする生活綴方の伝統をひく作文教育団体＝日本作文の会の方針が，大きく表現指導の系統化へと方針転換したことも象徴的事柄である（「62年方針」）。他方，国語科教育の現場にも，読解指導の方法への関心が高ま

りを見せ，「主題読み」あるいは「スキル学習」などが普及していくこととなる。

　こうした1950年代から70年代にかけての「経験主義」から「系統主義」への流れを理解するうえで，極めて象徴的な実践—それが無着成恭の作文指導の実践である。1951年に出版され，戦後の作文教育の金字塔となった『山びこ学校』と，70年に出された『続・山びこ学校』をどうか読み比べてほしいと思う。前者は，困窮した東北の農山村の生活を表現した作文で，無着自身も言うように「戦後の生活経験主義的な教育の所産」であり，後者は，「貧困だけ描いても何も打開しない，その原因を解明するには，社会や経済の仕組みの系統的な学習が必要なのだ」という信念に貫かれていた。同名のタイトルではあるが，ここに見られる作文表現の内容と質の違いに注目してほしい[2]。

2　「1977年版学習指導要領」以降から「1998年版学習指導要領」へ

　「77年版」から，指導の目標に，「国語を正確に理解し表現する能力」（表現力・理解力）を養い・高めることが据えられ，国語科教育は「文学教育」から「言語教育」への転換という新たな時代を迎えることになる。国語科の内容は，「68年版」までの「聞くこと・話すこと・読むこと・書くこと」および〔ことばに関する事項〕といった経験主義的な「活動別編成」から，「A 表現」「B 理解」および〔言語事項〕—ただし，小学校では〔言語事項〕が筆頭—という2領域1事項からなる能力主義的な「能力別編成」へ移行した。1960年代からの経験主義・単元学習批判を受けた，系統主義的な言語教育の要素を取り入れたものとなっている。

　しかし，こうしたなかで，1980年から90年代にかけて，子どもの読書離れ，国語ぎらいなどの増加が大きく問題化する。ことにパターン化した読解指導—心情読解の読みとりや主題読みの弊害が厳しく指摘されるようになり，画一的な〈読み〉を退け，読者＝学習者の〈読み〉の活動・経験を重視した「読者論」が主張され，現場にもこれが広がっていく。この流れは，84年に始まる臨時教育審議会（臨教審）の論調—「教育の自由化」「個性化」と無縁ではなく，

教育を生産し供給する側の論理から，自らのニーズに合わせて教育や学校を選ぶ教育消費者の論理を強調する改革論議と密接に重なっていた。読者の〈読み〉の自由・個性の尊重は，教師＝生産者＝供給者主導型の授業から需要者＝消費者の個性に応じた授業形態への転換となり，「個性尊重」は，「新学力観」を眼目とした「89年版」指導要領でさらに強まる。

そして「関心・意欲・態度」といった個々の学習への取り組み方を評価にいれる「観点別評価」が開始する。この頃から授業案には，教師による子どもへの「支援」という言葉が普及し，子どもの自主性を中心とする授業へと脱皮しようとする動きが顕著となった。

だが，子どもの個性・自主性の重視の考え方があまりに性急かつ短絡的に現場に浸透していくと，いわゆる「活動あって学習なし」という，単元学習批判と同様の活動主義・経験主義への批判が活発化する。

また，この時期から，単元学習とは距離をおきつつ，教育方法・技術を精鋭化しようとするいくつかの動き―「教育技術法則化運動」などが登場する。ここでの特徴は，文芸研や教科研などが取り組んできた文学や言語の体系性についての観点を徹底化するよりも，むしろその指導技術の系統化に重点をおいている点である。西郷は，文学教育の体系性を無視し，その指導技法に関わる部分を「つまみ食い」的に取り上げる「法則化運動」のやり方に対し，激しい批判をおこなった。

「98年版」からは，「ゆとり」の教育，「生きる力」の形成が強調され，完全学校週5日制，教育内容の3割削減，「総合的な学習の時間」の新設，中学校の選択授業の拡張など大きな改革がおこなわれるなかで，国語科の内容は，「活動別編成」（「A話すこと・聞くこと，B書くこと，C読むこと」および〔言語事項〕）が復活し，目標として新たに「伝え合う力」が加わった。

3 学力論議，教育基本法改正を経て「2008年版学習指導要領」へ

1998年版指導要領は，2002年以降に完全実施され，小中学校，高校の学校現場において具体化されていくことになった。

　98年版指導要領のうたう「ゆとり教育」は，国語科教育においても，大きな影響を及ぼした。たとえば，文学教材偏重についての厳しい批判により，従来のような「精読」だけに比重を置くのでなく，「多読」の必要性が強く打ちだされるようになった。これは，ほかでもなく授業時数の削減に対する国語科のひとつの対応策であり，この頃から，国語教科書は薄くなり，それまでの定番だった文芸教材がいくつか姿を消すこととなった。そして，「話すこと・聞くこと」を意識した，ニュース番組づくり，シンポジウム，ポスターセッション，ディベートなどによる国語の授業風景が数多く見られるようになっていく。

　しかしながら，マスコミをはじめ，さまざまな分野を巻き込み，98年版の主眼である「ゆとり教育」は，大きな批判を浴びた。2003年には，内外の学力低下論議に対応し，現場の混乱を打開するために，当時の文科相による異例ともいえる中央教育審議会への諮問がおこなわれ，学習指導要領の一部改訂が敢行される事態となった。学校現場は，ここから大きくドリル主義へとシフトしていく。確実に目に見える「定着」を図るためにドリル学習や漢字テスト，「100枡計算」等が現場に急速に広がり，その後もこの「確かな学力」概念は，キー概念として，08年版指導要領にも盛り込まれる。

　2004年，OECD生徒の学力到達度調査（PISA2003）の結果が発表され，わが国の学力低下論議は一層活発化し，特に国語科教育にかかわる読解力の結果が，8位から一挙に14位に下がったことは，国語教育界に大きな衝撃を与えた。さらに，2007年11月に公表されたPISA2006の結果をめぐり，わが国の成績が不振だったことから，学力低下問題が大きく問題視された。

　2005年には，文科省から中教審に対して指導要領の見直しが要請され，全国学力テストの実施方針が打ち出され，全国学力調査が半世紀ぶりに復活した。

　この十年間の学力低下の論議，またそれに追い打ちをかけた内外の学力調査データの圧力に，学習指導要領は激しく揺れ続け，その結果，08年版学習指導要領は，98年版に対して，まさに「ゆとり」から「学力」へと大きく転換した。

　このような08年版学習指導要領の特徴は，それまでの教育問題や教育改革の「ゆらぎ」が構造的に体現されている点にある。そのひとつは，国語科におけ

る古典教育重視が打ち出されたことである。これは明らかに2006年の改正教育基本法を踏まえたものであり，従来の〔言語事項〕は，〔伝統的な言語文化と国語の特質に関する事項〕という事項名へと一変した。

　さらに，もうひとつの特徴は，具体的指導例が盛りだくさんに示されていたことである。「例えば，次のような言語活動を通して指導」するようにという例示が付されている。これは，教育社会学者の苅谷剛彦がいう「ポジティブリスト」，すなわち，いいことなら何でも取り入れるやり方に他ならない[3]。全部やろうとすれば形だけで済ます，形式主義の弊害に陥るリスクが高くなる。

　この時期の実践例として代表的なものは，文科省教科調査官（当時）の水戸部修治が提唱し，2010年代前半以降，燎原の火の如く国語教育の現場に広がった「単元を貫く言語活動」（略称「単貫」）である。「並行読書」「入れ子構造」「ABワンセット方式」などのかたちで，単元プランのなかにさまざまな「言語活動」が取り入れられた。しかし，2015年11月に文科省は，「全国指導主事連絡協議会」において，排他的な「型の押しつけとなること」を懸念し，これらの用語を使用しないことを周知した。「言語活動の充実」を図るための実践例が，逆に，排他的な型の押しつけをもたらしたのであり，まさに「ポジティブリスト」の弊害の典型例といえる。

4　「2017年版学習指導要領」と教科の特質に応じた「見方・考え方」

　「2017年版新学習指導要領」の基盤は，新たな時代の要請に対応した「学力・能力観」，すなわち「資質・能力＝コンピテンシー（competency）」である。そして，これに基づいて，教科教育も大きく見直されることとなった。この「資質・能力」は，「知識及び技能」「思考力・判断力・表現力等」「学びに向かう力・人間性等」という「三つの柱」からなり，この枠組みのなかで，「何を学ぶか」という学習内容，各教科等で育む資質・能力が明確にされ，他方，「どのように学ぶか」にかかわっては，「アクティブ・ラーニングの視点」を取り入れた「主体的・対話的で深い学び」に基づく学習過程の改善を強く求めている。

　これまでの学校教育では，各教科等の「内容」を基盤とした領域特殊的な知識・技能，いわゆる「コンテンツ・ベース」が長期にわたり中心となってきた。しかし，これに対して，新学習指導要領は，教科横断的な考え方を全面に打ち出し，領域を超えて機能する汎用性の高い「資質・能力」に基づく「コンピテンシー・ベース」によって教育を再編しようとするものとなっている。この「コンピテンシー」（資質・能力）は，汎用的な能力やスキルを意味しており，これと「教科」の論理をどうつなげるのかが大きな課題となる。そこで，これをつなぐ論理として，2017年版には，「教科独自の見方・考え方」，「各教科等の特質に応じた見方・考え方」が新たに導入された。つまり，「はじめに教科ありき」ではなく，学習する子どもを軸に，子どもの視点から教科を見直し，何よりも，ひとつの教科というものを学習主体における「視点・考え方」の枠組みとして再編している。

　「どのような視点で物事をとらえ，どのような考え方で思考していくのか」という物事をとらえる視点や考え方には，教科等それぞれの学習の特質が現れるが，たとえば，国語科では，対象と言葉，言葉と言葉の関係を，言葉の意味，働き，使い方等に着目し，その関係性を問い直して意味付ける「言葉による見方・考え方」が重視されている。

　総じて，国語科という教科の枠組みにとらわれない，より柔軟な「言語＝ことばの教育」の方向性が打ち出され，積極的にとらえれば，これからの未来を担う子どもたちの資質・能力を形づくる，いわば，新たなリテラシー教育，日本語教育が提起されているとも考えられる。しかし，他方では，「思考スキル」等の表面的な適用などに見られる，形式的な言語学習，スキル学習へと流れる傾向も懸念される。その意味で，同じ轍を踏まないためにも，学校現場にいる教師自身こそが「主体的・対話的で深い学び」を日々の授業研究，教材研究に取り入れていかなければならない。また，無視できないのは，「影の学習指導要領」であり続け，問題視されてきた「入試問題」のあり方にも，大きな改革のメスが入れられるようになったことである。大学入試センター試験が，2020年1月（2019年度）の実施を最後に廃止され，2020年度から新しい共通テスト

「大学入学共通テスト」に移行し，文科省は国語と数学に記述式問題を導入する方針をとった。これは，まちがいなく国語科教育に大きな影響を及ぼすことになるだろう。学習指導要領の改訂に加えて，「入試問題」の改変にも，国語科教育は，十分な配慮が求められているのである。　　　　　　　［中村　哲也］

注
（1）　佐藤　学『米国カリキュラム改造史研究』東京大学出版会，1990年，3頁。
（2）　無着成恭『山びこ学校』岩波文庫，1995年。同『続・山びこ学校』麦書房，1970年。
（3）　苅谷剛彦『教育再生の迷走』筑摩書房，2008年，104-5頁。

参考文献
「読み」の授業研究会編『国語授業の改革17　国語の授業で「主体的・対話的で深い学び」をいかに実現するか』学文社，2017年。新学習指導要領のさまざまな問題点—を多角的に洗い出し，幅広い検討がなされ，入門書としても研究書としても大いに参考になる必読・必携の一冊。

第4節　国語学力の基礎・基本

1　これまでの国語科，これからの国語科

野口悠紀雄は，『「超」勉強法』のなかでこう述べている[1]。

> 　英語と違って日本語は，少なくとも小学校高学年になれば，ある程度なら読んだり書いたりできる。会話は，もちろんできる。だから，それに加えて何を勉強したらよいのか，あまりはっきりしない。（中略）学校の国語の授業を振り返ってみよう。そこで習ったのは，主として，漢字の読み方や難しい言葉の意味ではなかったか？　しかし，これらは，国語の勉強では周辺的なことに過ぎないのである（実生活では，辞書があれば解決がつく）。重要なのは，**「読む技術」**と**「書く技術」を習得**することだ。これらは技術である。訓練によって習得するものだ。そして，その技術を獲得したか否かは実に大きな意味をもつ。社会生活では，さまざまな場面に影響が如実に現われる。（中略）それにもかかわらず，日本の学校教育では，読み書きを技術として意識していない。これは誠に不思議なことだ。

　従来の国語教育界では，「言語技術を教える」ことへの関心は低く，その意義も軽視されてきた。むしろ，「人間教育」の立場から，現実認識の力や豊かな感性を育てることが文学教育や作文教育の課題だと考えられたのである。

　大学生を見ていると，彼らが身につけてきた国語学力と日本人に必要な国語能力にはズレがあることに気づく。入試問題の論説文・評論文では，得点差をつけるためにわざと難解な文章を出題する。が，一読してわからないような文章は「悪文」である。それを読むことに慣れてくると，自分が書く文章にもあまり注意を払わなくなる。相手を意識した，わかりやすい文章を書くという姿勢に欠けてくる。かくして，学生の文章には，冗長な文（一文が長い），文のねじれ（主語と述語が対応していない），段落意識の欠如（改行なし），文体の不統一（敬体と常体の混用），口語・俗語・造語，過度の漢字使用（たとえば「その様な事は……」と記す），句読法や表記の誤りなどが氾濫する。基礎的な作文技

術が身についていないのである。

　多くの大学教員は，学生の実態を通して，国語科教育の現状に対する危機意識をもっている。産業界などでも同様である。マスコミの報道によれば，基本的な国語能力（言語技術）に欠ける新入社員が増えているという。

　「これまでの国語科教育とは一体何であったのか？」という声が各方面から上がり始めているのである。

　もちろん，教育関係者もこの問題に無関心なわけではない。あるアンケート調査によると，「これからの国語科教育では何に力を入れていくべきか」という問いに対して，「作文」（81.2％），「話すこと・聞くこと」（72.0％），「説明的文章の読解」（56.0％）といった実用的な技能の分野が多くなっている[2]。

　また，1992年には日本言語技術教育学会が設立された。従来の「心情主義・感化主義」を改めて，論理的な言語技術を重点的に指導するという趣旨である。

　現在，「学力の低下」が叫ばれるなかで，国語科の「基礎・基本」が問われている。どの教材にも時間をかけて人物の気持ちや場面の様子や作者の意図を読みとるという「読解指導」をはじめとして，これまでの指導内容・方法でよいかを根本的に見直すべき時期にきている。

2　「基礎・基本」とは何か

　国語学力の「基礎・基本」とは何だろうか。文部科学省の担当者に問い合わせれば，おそらく「それは学習指導要領に書いてあることだ」という答えが返ってくるだろう。しかし，「話すこと・聞くこと」「書くこと」「読むこと」の「内容」を見ても，学ぶべき知識や技術が漠然としている。学習指導要領は伝統的にこうした傾向が見られた。ここには，柴田義松が指摘するように[3]，〈教科内容〉と〈教材〉が混同されてきたという問題がある（詳しくは第3章第1節を参照）。特に，国語科ではその傾向が顕著であった。今でも〈教科内容〉の曖昧さという問題を抱え込んでいるのである[4]。

　国語科は，「何か新しいことを知った」「わからなかったことがわかるようになった」「できなかったことができるようになった」という達成感や上達感が

得られにくい教科だといわれているが，その原因はここにもある。

　改めて，国語科の「基礎・基本」となる知識や技術（ミニマム・エッセンシャルズ）は何かという問題を明らかにしていく必要がある。

　この問題を考えるとき，浜本純逸の学力論は注目すべきである[5]。浜本によれば，「基礎」とは「各教科で分担して育てられる学力」，「基本」とは「全教科に共通する認知力や思考力」である。つまり，教科固有の領域と教科共通の領域に分けているのである。国語科の場合，「基礎」にあたる「言語活動力」（国語に関する知識とその運用力）と，「基本」にあたる「認識諸能力」「自己学習力」があげられている。

　以下では，浜本の学力構造論をもとに，「基礎」を「言語技術」，「基本」を思考・認識の技術（考え方），学習の技術（学び方）に置き換えてみたい。「基礎・基本」の問題を「〜ができる」という「技術」のレベルで考えるのである。なお，「言語技術」が「言語知識」（言語に関する科学的な概念・用語）に支えられていることはいうまでもない。

　2002年度から教科学習に観点別の「絶対評価」が導入されたが，「基礎・基本」を「技術」レベルで考えることによって，目標の到達基準も明確になるはずである。

3　国語学力の基本としての「考え方」や「学び方」

　「考え方」や「学び方」は思考や学習の道具である。いろいろな場面や課題に使える道具をもつことによって，出たとこ勝負ではなく，一定のルールに基づく合理的な学習が可能になる。これが学力を保障することになる。

　では，自分で学習・研究するとき，どんな技術が必要になるだろうか。まず「考える技術」をはじめとして，「調べる（文献調査・フィールドワーク・インターネットなど）」「疑問をもつ」「批判する」「課題を設定する」「学習計画を立てる」「仮説と検証をおこなう」「情報を整理・分析・活用する」「役割を分担する」「自己評価する」といった技術があげられる。これらは「学力の基本」として全教科を通じて身につけさせなくてはならない。国語科でもそれをめざす

ことになる。それに対して，次に述べるような「読む」「書く」「話す」「聞く」といった言語技術は，国語科で指導すべき固有の〈教科内容〉となる（これも広い意味では「学習の技術」である）。

4 国語学力の基礎としての言語技術

　国語科の〈教科内容〉として，「話すこと・聞くこと」「書くこと」「読むこと」の領域では，どのような言語技術を教えるべきかについて大まかに展望してみたい。

（1）「話すこと・聞くこと」

　これは国語科で最も立ち遅れていた領域である。が，最近になって実践・研究も進展を見せている。高橋俊三編『音声言語指導大事典』（明治図書，1999年）はその成果である。そのなかで中村敦雄は，次ページのような能力系統表を作っている（他に「聞くこと」「話し合うこと」「音読・朗読・群読」の領域もある）。

　これは「話す技術」の具体的な系統案である。専門的な話術用語，重点指導の学年段階（◎）も示されていて，今後の音声言語指導の目安となる[6]。

（2）「書くこと」

　作文指導も全般的に不振だったが，これも近年になって進展を見せている。たとえば国語教育研究所編『「作文技術」指導大事典』（明治図書，1996年）では，次のような「基礎技術」とその指導例があげられている。

　1 表記の技術
　　（1）漢字の使い方，（2）仮名遣い，（3）間違いやすい送り仮名，（4）カタカナ表記，（5）句読点，（6）区切り符号，（7）原稿用紙の書き方
　2 取材・選材・主題の技術
　　（1）題材を探す，（2）題材を選ぶ，（3）主題を決める
　3 構成の技術
　　（1）段落にまとめる技術（文の数，一段落一事項）
　　（2）構成の技術（序論・本論・結論，起承転（束）結，頭括式・尾括式，時間的順序・空間的順序，抽象から具体へ・具体から抽象へ，設疑法，文図法

話すこと	小学校 低中高	中学校 前後	高校
1 興味を持ったことを進んで話す。	◎◎◎		
2 姿勢や口形に注意して話す。	◎◎◎	○○	○
3 はっきりした発音で話す。	◎◎◎	○○	
4 聞きやすいように，区切りを考えて話す。	○○○	○○	○
5 聞き手を見て話す。	○○○	○○	○
6 内容の軽重をつけて話す。	◎◎		
7 聞き手にはっきりと声を届ける。	○○○	○○	○
8 正しい発音で話す。	○○○	○○	○
9 経験したことがらの順序を考えて話す。	◎◎		
10 伝えたいことがらを整理して話す。	○○	○	
11 必要なことがらが何かを考えて話す。	◎◎	○○	
12 相手や場に応じて，声の大きさや速さを工夫する。	○○○	◎◎	○
13 相手や場に応じて，丁寧なことばで話す。	○○○	○○	○
14 ことがら相互の関係に注意して話す。	○○	○○	
15 まとまりを考えて話す。	○○	○	
16 絵や展示物などを活用して話す。	○○○	◎◎	○
17 中心点がわかるように話す。	○○	○○	
18 根拠や例の言い方に注意して話す。	○○	○○	
19 筋道をはっきりさせて話す。	○○	○○	○
20 ことばの抑揚・アクセントを工夫して話す。	○○	○○	○
21 常体と敬体を使い分けて話す。	◎		
22 語尾まではっきりと話す。	○○○	○○	
23 要旨が明確になるように，構成を工夫する。	○	◎◎	◎
24 事実と感想・意見との関係がわかりやすいように話す。	○○	◎◎	○
25 全体の構成を考え，説明の精粗を考えて話す。	○	◎◎	◎
26 声の調子や間に注意して話す。	○○	◎◎	○
27 相手や場に応じて，説得力を持たせて話す。	○	◎◎	○
28 イントネーション，プロミネンス，声の調子を考えて話す。	○	◎◎	◎
29 聞き手とアイコンタクトをとって話す。	○	○○	○
30 表情や身振りなどボディランゲージの効果を考えて話す。	○	○○	○
31 論理の展開を工夫して話す。	○	○◎	◎
32 事実と意見を区別して話す。		○○	◎
33 効果を考えて話の構成を工夫する。	○	○◎	◎

による構成技術）

4 記述の技術

（1）およその文の長さ，（2）一文作文の技術，（3）読み手によって語句や文体を変える技術，（4）主語述語を照応させる技術，（5）むだのない作文にする技術，（6）接続の技術，（7）修飾―被修飾の技術，（8）適切な語句を選ぶ技術，（9）効果的な文章符号の技術，（10）敬語を適切に使う技術，（11）三人称作文の技術，（12）効果的な表現の技術（比喩・倒置・逆接・対比・擬人法・体言止め・引用・会話），（13）時間的順序・空間的順序による記述の技術，（14）5W1H による記述の技術，（15）略述・詳述の技術，（16）文体の統一の技術，（17）事実と意見を振り分ける技術，（18）要約して書く技術，（19）箇条書きの技術，（20）メモ・カードをとる技術，（21）効果的な図表・イラスト・写真の技術，（22）書き出しと結びの照応の技術

5 推敲の技術

（1）表記を批正する，（2）語句や表現を推敲する，（3）構成を推敲する

　ここには，題名をつける技術，反復表現の技術，描写の技術などが欠落しているが，「書く技術」を明確化・系統化するための手がかりとなる。他に，大森修編『作文技術教育の年間指導計画』（明治図書，1993年），大内善一の『発想転換による105時間作文指導の計画化』（明治図書，1991年）なども参考になる。一般書では，木下是雄『理科系の作文技術』（中公新書，1981年），板坂元『考える技術・書く技術』（講談社現代新書，1973年），野口悠紀雄『「超」文章法』（中公新書，2002年）がよい。今後はワープロやインターネットの普及に伴う作文技術も考慮に入れる必要がある。

（3）「読むこと」

　この方面でも基礎的な言語技術は十分に解明されてこなかった。説明的な文章でも文学的文章（物語・小説・詩）でも同様である。

　そのなかで，西郷竹彦の「文芸学」，大西忠治の「読み研方式」，井関義久の「分析批評」などは大きな成果をあげている。これをもとに，文学教材で教えるべき「読みの技術」として，構成をとらえる技術，表現をとらえる技術，視点をとらえる技術，人物をとらえる技術，文体をとらえる技術が提唱されてい

る⁽⁷⁾。小学校の段階から，次のような「読みの技術」を精選して系統的に指導していくべきである。

【小学校低学年から】

・場面に分けて，事件や筋をとらえる。　　　　　　　　　　　〔構成〕

・反復と対比の関係をとらえる。　　　　　　　　　　　　　　〔表現〕

・描写や会話から心情や人物像をとらえる。　　　　　　　　　〔人物〕

【小学校中学年から】

・設定（時・人・場）を明らかにする。　　　　　　　　　　　〔構成〕

・事件や人物の転換点（クライマックス）をとらえる。　　　　〔構成〕

・色彩語，比喩，オノマトペ（声喩），感覚表現の効果を明らかにする。
〔表現〕

・作者と話者（語り手）を区別する。　　　　　　　　　　　　〔視点〕

【小学校高学年から】

・全体構成（起承転結など）を明らかにする。　　　　　　　　〔構成〕

・作品の象徴性をとらえる。　　　　　　　　　　　　　　　　〔表現〕

・視点人物と対象人物，視点の転換などをとらえる。　　　　　〔視点〕

・中心人物（主役－対役）をとらえる。　　　　　　　　　　　〔人物〕

・語り口の特徴をとらえる。　　　　　　　　　　　　　　　　〔文体〕

　また，説明文や論説文の「読みの技術」では，次のようなものがある。

①　速く読む技術（重複・逸脱・不要の箇所は読み飛ばす，本文を斜め読みする，
　　読みに濃淡をつける，最初に全体像をつかむ）

②　要点をつかむ技術（構成をとらえる，抽象部と具体部を区別する，強調表現
　　をとらえる，反復表現をとらえる，接続詞・指示語の機能をとらえる）⁽⁸⁾

③　吟味する技術（語の用法は明確であるか，証拠となる資料や事例は十分に整
　　っているか，論の進め方は正しいか）⁽⁹⁾

　このようにして「基礎・基本」が決まったら，それを教えるための教材開発・教材選定が次の課題となる。これについては，第３章で論じる。

〔鶴田　清司〕

注

（ 1 ）　野口悠紀雄『「超」勉強法』講談社，1995年，98頁。

（ 2 ）　日本国語教育学会が実施した「国語教育に関するアンケート調査」による（『月刊国語教育研究』No. 242，1992年 6 月臨時増刊号）。

（ 3 ）　柴田義松『学び方の基礎・基本と総合的学習』明治図書，1998年，106〜110頁。

（ 4 ）　2008（平成20）年版学習指導要領は，「言語事項」が「伝統的な言語文化と国語の特質に関する事項」に変わるとともに，知識及び技能の「習得」と「活用」を重視する立場から，各学年で指導する言語知識・言語技術が従来よりもかなり具体化されている。たとえば，「場面の様子について，登場人物の行動を中心に想像を広げながら読むこと」（小学校第 1 学年及び第 2 学年「C 読むこと」），「相手や目的に応じて，理由や事例などを挙げながら筋道を立て，丁寧な言葉を用いるなど適切な言葉遣いで話すこと」（第 3 学年及び第 4 学年「A 話すこと・聞くこと」）などがあげられている（下線は引用者）。また，2017（平成29）年に改訂された新学習指導要領も同様である。しかし，まだ十分とは言えない。

（ 5 ）　浜本純逸『国語科新単元学習論』明治図書，1997年，35〜36頁。

（ 6 ）　高橋俊三編『音声言語指導大事典』明治図書，1999年，23頁。

（ 7 ）　鶴田清司『言語技術教育としての文学教材の指導』明治図書，1996年。

（ 8 ）　鶴田清司「絶対評価・到達度評価の基準としての『読み』の技術」『言語技術教育』No. 11，明治図書，2002年。

（ 9 ）　井上尚美『思考力育成への方略—メタ認知・自己学習・言語論理—』明治図書，1998年。阿部昇『授業づくりのための「説明的文章教材」の徹底批判』明治図書，1996年。

第5節　「言葉による見方・考え方」のとらえ方

1　「言葉による見方・考え方」と「深い学び」

　本節では，中央教育審議会答申「幼稚園，小学校，中学校，高等学校及び特別支援学校の学習指導要領等の改善及び必要な方策等について」（2016年12月21日）で論及されている「深い学び」にひとまず依拠しながら，そのあり方を考えてみることにしたい。その際，各教科特有の「見方・考え方」（国語科の場合は「言葉による見方・考え方」）に着目して，いかなる「見方・考え方」を働かせることが「深い学び」につながるかということを述べていきたい。

　先の中教審答申における「『主体的・対話的で深い学び』とは何か」の説明を見ると，「深い学び」の実現のためには，その一つの方法として「各教科等の特質に応じた『見方・考え方』を働かせ」ることが必要であること，さらに，「見方・考え方」は「育てるべき資質・能力」の三つの柱（生きて働く「知識・技能」，未知の状況にも対応できる「思考力・判断力・表現力等」，学びを人生や社会に生かそうとする「学びに向かう力・人間性等」）を育成するためにも重要であると述べられている。

　こうして，2017年版の学習指導要領には各教科等に固有の「見方・考え方」が明示されるようになった。ちなみに，『小学校学習指導要領解説・総則編』では，「各教科等の『見方・考え方』は，『どのような視点で物事を捉え，どのような考え方で思考していくのか』というその教科等ならではの物事を捉える視点や考え方である」と説明されている。

　国語科では，次のような「言葉による見方・考え方」が示された。

　言葉による見方・考え方を働かせるとは，児童が学習の中で，対象と言葉，言葉と言葉との関係を，言葉の意味，働き，使い方等に着目して捉えたり問い直したりして，言葉への自覚を高めることであると考えられる。

（『小学校学習指導要領解説・国語編』）

　他の教科における「見方・考え方」と比べて，国語の場合はそれを措定するのが困難な面がある。自然科学のように特定の学問的パラダイムが存在していないことが原因である。言語理論にしても文学理論にしても多種多様で，何をもって国語科固有の「見方・考え方」とするかは非常に難しい。この『解説』で説明されている「言葉による見方・考え方」も苦心の産物であろう。しかもそれは特に新しいものではなく，あえて「見方・考え方」という概念・用語を使わなくても，国語科を担当している教師にとっては自明のことである。

　このように，国語科の場合，「教科等ならではの見方・考え方」がとらえにくいという問題を抱えている。

　この問題については，記号論的なアプローチが有効である。

　池上嘉彦は，言葉には「実用的機能」と「美的機能」があると述べている[1]。

　前者は，「コード依存―解読―発信者中心」，後者は「コンテクスト依存（コード逸脱）―解釈―受信者中心」という特徴がある。

　これに従えば，まずは言語を「日常言語」と「文学言語」に区分することが有効であろう。前者は，主に正確かつ円滑なコミュニケーションの側面に関与し，論理的思考力・表現力が必要になる。後者は，文学的認識（異化）力，想像力，言語感覚の側面に関与し，レトリック認識（詩的なものの見方・考え方）としての対比・比喩・擬人化・象徴・曖昧さ・アイロニー・ユーモア等が含まれてくる。前者は言語論理教育の対象となり，後者は文学教育の対象となる。もちろん，両者は必ずしも厳密に区別されるものではないが，言語に対する見方・考え方の問題を考えるときに有効である。以下で詳しく述べていこう。

2　言語論理教育と文学教育における「見方・考え方」の育成

　先に述べたように，言語論理教育では論理的思考力・表現力の育成が主な目標となり，文学教育では文学的認識（異化）力，想像力，言語感覚の育成が主な目標となる。「見方・考え方」という観点からみると，前者は「論理的な見方・考え方」，後者は「文学的な見方・考え方」ということになる。それらはどのようにしたら育成することができるのだろうか。

（1）　言語論理教育の立場から

　言語論理教育がめざす論理的思考力・表現力とは，屁理屈を言うことでもなければ，堅苦しく述べることでもない。むしろその逆で，宇佐美寛が述べているように，どれだけ「具体的」に考えることができるかどうかということである。

　子どもの作文を見てみよう。どこが問題だろうか？

　　　牧場のアイスクリームがありました。食べてみたら，牛乳がたっぷり入っていて，あまりおいしくなかった。でも，少しおいしかった。

　第一の問題は，「牛乳がたっぷり入っていた」と「あまりおいしくなかった」の関係が不明確だということである。ふつうは「たっぷり入っていた」から「おいしかった」と続くはずである。しかし，そうでないということは，この子は牛乳があまり好きではない，苦手であると推測できる。第二の問題は，「あまりおいしくなかった」と「少しおいしかった」の関係が不明確だということである。「少しおいしかった」のはなぜなのかを説明しなくてはならない。

　宇佐美は，「論理的」とは「経験との対応が明確に表現されている」ことだと述べている[2]。これが「論理的＝具体的」ということの意味である。先の作文は「この子が持った経験と正確に対応する形では書けていない」ということになる。まさに自分の考えを丁寧に言語化することが必要なのである。

　「根拠・理由・主張の３点セット」はそのための有力なツールである[3]。先の作文で言えば，「牛乳がたっぷり入っている」という根拠（事実）から，「あまりおいしくないが，少しおいしい」という主張（結論）を導くための理由づけが欠けているということになる。理由は根拠と主張をつなぐ働きをする。しかも，なるべく自分の生活経験と結びつけて考えることが大切である。それが他者にも思い当たるような経験だとさらに説得力が高まる。

　例えば，先の作文は次のように書き直すと論理的（具体的）になる。

　　　牧場のアイスクリームを食べました。牛乳がたっぷり入っていて，あまりおいしくありませんでした。ぼくは牛乳がきらいだからです。でも，少しおいしかったです。なぜかと言うと，その日はとても暑くて，冷たいア

　イスクリームが体に気持ちよかったからです。

　こう見てくると，（言葉による）論理的な見方・考え方の要諦は，言語行為（話す・聞く・書く・読む）において，自分の知識や経験と結びつけて具体的に考えたり表したりすることができるかどうかということになる。理解行為においては，そうすることによって共感にいたる場合（理由に納得できるとき）もあるし，批判にいたる場合（理由に納得できないとき）もある。

　国語科の授業では，自分や他者の考えの根拠は明確であるか，理由は具体的であるかという論理的な見方・考え方を働かせることによって，言葉についての「深い学び」が生まれていくはずである。

（2）　文学教育の立場から

　一方，文学的な見方・考え方とは，言語行為（話す・聞く・書く・読む）において，日常的・固定的な見方・考え方を「異化」して，言葉による新しい世界を創造していくことができるかどうかということになる。けっして「文学的＝美文的・修辞的」ということではない。表現行為（文学創作）はもちろん理解行為（文学鑑賞）の本質もそこにある。現実世界を既存のありふれた見方・考え方で言語化するのではなく，新しいものとしてとらえて，表現することである。そして，そこに読者が面白さを感じることである。

　大江健三郎は，文学の「異化」作用について，次のように述べている[(4)]。

　ありふれた，日常的な言葉の，汚れ・クタビレをいかに洗い流し，仕立てなおして，その言葉を，人間がいま発見したばかりででもあるかのように新しくすること，いかに見なれない，不思議なものとするか，ということだ。（中略）この文章に書かれていることは，知覚において知っている。しかしこれまでそれがこのように書かれているのを見たことがない。このように実感したこともない。それは見なれない，不思議な書き方であって，しかも確かにこれは真実だと実感される……これが「異化」ということを見る，ひとつの指標である。

　文学的な見方・考え方を育てるのに有効な方法として，俳句の創作・鑑賞がある。たとえば，次のような俳句の添削例がある。

（添削前）　春昼の木喰仏は微笑めり

（添削後）　春昼は木喰仏の微笑みか

　木喰仏とは，江戸時代後期の遊行僧・歌人である木喰が作った一木造の仏像
で，微笑を浮かべた温和な表情が特徴である。

　先の句であるが，添削前の，春の昼の木喰仏の微笑という見たままの平凡な
光景が，添削後は，一転，明るく穏やかな春の昼が仏様の慈愛に満ちた微笑に
よってもたらされたという仏教的世界観が表出された作品に変貌している。ま
さに「春昼」が異化されることによって，途方もなくスケールの大きな俳句に
なっている。俳句では，ほんの数文字を入れ替えるだけで日常的・固定的な見
方・考え方が異化されて，文学的な表現に生まれ変わることがある。

　芭蕉の有名な句「古池や蛙飛び込む水の音」も，一見平凡な作品に思えるが，
実は，蛙の鳴き声を愛でるという日本古来の伝統的な見方・考え方をひっくり
返して，蛙の存在を「水の音」によって表現したところが眼目である。これに
よって「古池」に新たな生命が吹き込まれて，味わい深い作品になっている。
従来の見方・考え方を異化する（俳句の世界では「ひねる」という）ことによっ
て，日常を超えた新しい見方・考え方が開示されているのである。

　現代作品でも同様である。「ライオン」（工藤直子）という詩がある。

　　雲を見ながらライオンが／女房にいった／そろそろ　めしにしようか／ラ
　　イオンと女房は／連れだってでかけ／<u>しみじみ</u>と縞馬を喰べた。

　　　　　　　　　　　　　（『てつがくのライオン』1982年，理論社，下線は鶴田）

　下線部は，普通の表現では「むしゃむしゃ」などのオノマトペが入るだろう。
しかし，この作品では「しみじみ」によって獰猛なライオンという日常的な見
方・考え方が異化されて，長年連れ添った老夫婦が食事をしているような人間
臭いライオンのイメージが造形されている。授業では，下線部を空欄にして，
どんな言葉が入るかを予想させ，そのあとで本文の言葉に出会わせると，詩的
な見方・考え方の面白さをさらに実感できる。

　国語科教育でも，文学教材で教えるべき〈教科内容〉として「異化」をきち

んと位置づけるべきである。足立悦男『新しい詩教育の理論』（1983年，明治図書）はその嚆矢であったが，「異化」に関する実践的な展開は十分とは言えない。俳句や短歌の場合，ともすると表現技法（音数律，季語，切字，句切れなど）を覚えるという学習にとどまる傾向がある。そうではなく，それによっていかなる新しい世界が造形されているのかということがポイントである。まさにそこが「深い学び」の入口となる。物語や小説でも同じである。

　文学の授業では，以上のような文学的な見方・考え方を育てるために，「ふつうと違う表現，不思議な表現はないか？」「どうしてそれが面白いのか？」といった学習課題が必要になる。

3　まとめ

　国語科では，西郷竹彦（文芸教育研究協議会）らの実践を除けば，いかなる「見方・考え方」をいかに育てるかということがはっきりしていない。また，「思考力・判断力・表現力」として，いかなる「見方・考え方」「表し方」を育てるのかということもはっきりしていない。さらに，「見方・考え方」を働かせることと「深い学び」との関係もはっきりしていない。こうした課題が理論的・実践的に明らかにされることを望みたい[5]。

　学習指導要領で示された「言葉による見方・考え方」をふまえつつも，それを相対化し，乗り越えるような実践を創出していくことが求められている。

［鶴田　清司］

注
（1）　池上嘉彦『記号論への招待』岩波書店，1984年，193〜216頁。
（2）　宇佐美寛『宇佐美寛問題意識集6 論理的思考をどう育てるか』2003年，明治図書，87頁。
（3）　鶴田清司『授業で使える！論理的思考力・表現力を育てる三角ロジック〜根拠・理由・主張の3点セット〜』図書文化，2017年，を参照。
（4）　大江健三郎『新しい文学のために』岩波書店，1988年，42〜51頁。
（5）　例えば，鶴田清司『教科の本質をふまえたコンピテンシー・ベースの国語科授業づくり』明治図書，2020年，を参照。

第2章　国語科教育の内容と方法

第1節　音声言語

1　音声言語の大切さ

　話すこと・聞くことの教育は，これまで積極的に取り組まれてきたとはいいがたい。この本をお読みの方のなかで，実際に授業を受けた記憶がある方は少ないかもしれない。だが，次のような経験はあるのではないだろうか。

　　・自己紹介
　　・ホームルーム・委員会活動などでの話し合い
　　・弁論大会などでのスピーチ（演説）

　日常的な話などは指導を受けなくてもできる。弁論大会のような場では，あらかじめ原稿を書き，読み上げれば対応できる。――従来はこうした誤った認識が一般的であり，話すこと・聞くことの授業は不要だといった主張すらなされた。だが，こうした主張は，文字言語を中心とする見方に基づくものであり，わが国の音声コミュニケーションの貧困さを直視していない。わたしたちは，音声言語の価値や意義を理解し，その良さを生かせるよう授業に取り組んでいく必要がある。国語の授業を偏ったものにしている旧弊な考えを正していこうではないか。わたしたちが理解すべきは，次の三点である。

　第一に，肉声のもつ力である。聞き手を前にして表情やあいづちなどの反応を確かめ，話し手がその場で考えながら話す。臨場感あふれるコミュニケーション場面でこそ，肉声には迫力が増す。わたしたちが講演会に足を運ぶのも，肉声がもつ力に触れたいからである。著作を読むだけでは得られない，その人の個性，人となりが肉声には込められている。朗読・群読をはじめ，声は話し手と聞き手の心を高揚させ，共鳴させ，結びつける。わたしたちは，授業の場

で，こうした声の魅力に触れる機会を多くもてるようにしたい。

　第二に，話し合う力の育成である。意見を述べる。すると，その場で，質問や意見が出される。そうした反応があると，話し手は自分の考えが伝わったか，自分の考えがどこまで適切なのかを知る。反対意見と自分の意見を比べて，何が望ましいか視野を広げて考える。話し合いや議論というと「対決」のイメージを想起する向きが多いが，むしろ，対面場面で「集団で考える力」としてとらえたい。これは，民主主義社会を支える大事な力である。周知のように，現在のわが国ではもっとも立ち後れている。

　第三に，特質に関わって知っておきたいのが，音声言語と文字言語のちがいである。原稿を流暢に読み上げるスピーチを聞いていて，心に迫ってこない空々しさを感じたことはないだろうか。文字言語で書かれた『スピーチ』は，スピーチではない。多くの場合，文章として完成されている。あることがらを説明する場合，文章であれば一度書けば用が足りる。途中でわからなくなっても，読み返せば対応できる。だが，音声言語では不可能である。そのため，必然的に繰り返しが多くなる。また，強調するための倒置表現，わかりやすくするための言い換えも多い。こうしたちがいを理解し，肉声のもつ力や直接的な対面状況の良さが生きるように配慮すべきなのである。

2　話すこと・聞くことの授業の課題

　教室の実際を見ると，コミュニケーションの空洞化が目立つ。教室でハイハイ病やイイデス病が広まったことがあった。今でもその余波は続いている。ある子どもが発言しているさなかに「ハ〜イ」「ハイ」と割り込んできたり，どんな時でも声を揃えて「いーでーす」と言う状態である。自分が話したい欲求のままに他者の発言を聞き遂げない，言いたいことや聞きたいことがあっても，多数派の「いーでーす」に同調する。近年では，他者との交流を避けて自己を閉ざしてしまう子ども，仮想的世界に逃避する子どもの存在も問題視されている。話すこと・聞くことの学習は，こうした事態を望ましい方向に改善していく役割も担っている。それだけに，子どもの言語生活の実際を直視し，そこを

出発点にして取り組む必要がある。

　話すこと・聞くことの授業の目的は，音声言語によるコミュニケーションを成立させることである。注意したいのは，一方向の伝達として話したり／聞いたりするのではなく，相手との双方向のやりとりを基本としていることである。近年ではポイントを鮮明にするため，「対話」「対話能力」[1]という語が使われている。対話について，一対一でのやりとりを想起する向きもあるかもしれない。だが，ここでは人数などの限定を設けず，双方向のやりとりを包括させて提案されている。スピーチのような独話形態でも，聞き手からの質問を受ける機会を設けるなどして，対話の発想で取り組んだほうが効果的である。

　もう一つ注意したいことは，コミュニケーションを成立「させる」ことである。それまでにあった関係性のなかに閉じこもるのではなく，相手との接点を築き，つながりをつくっていくことが重視されている。友だちとのおしゃべりを楽しむ一方で，新たな人間関係をつくる力が求められている。

　授業にあっては，活動を通して学びを深めることが重要である。声を届け，受けとめることにより，お互い世界を広げ，関係性をつくっていく力を育てたい。コミュニケーションというと，ことばによるやりとりのみに注意が向けられがちである。しかし，実際の状態からすれば，声の高さ，速さ，声調など周辺言語，視線，アイコンタクト，あいづち，身ぶり・手ぶりといった身体言語も含まれてくる。また，プレゼンテーションのように，物や視聴覚素材を使用する場合もある。さらに，声を発し／声を受けとめる身体までもが視野に入ってくる。こういった広い意味でのコミュニケーションを想定しておきたい。国語の授業時間はもちろん，学校生活全般とも接点をつくりながら取り組む必要があるだろう。

3　話すこと・聞くことの指導内容

　指導内容として取り上げるべきことは数多い。ここでは，大切なポイントを三つにしぼって説明を進める。

（1）　朗読・群読で声を届け合う

　肉声のもつ力を，学びに生かす取り組みである。

　朗読とは，作品の〈語り手〉に同一化し，その立場から音声化するものである。その立場にならない（なれない）読みを音読という。また，群読とは，複数の読み手による朗読を意味する[2]。朗読・群読とも，読み手自身が作品を解釈し，鑑賞する過程を経ておこなわれる。ある部分をどういう声で読むか，その根拠を作品のことばに求めるのである。また，朗読・群読では本来，教師が振り付けや演出をおこなうのではなく，学習者自身がつくり上げていくことがめざされている。こうした活動の余地を十分設けているところに意義が認められる。群読をつくるには，各自の解釈を出し合ってグループで検討し（学び合い），互いの声を響き合わせ，それを聞き合う過程を経験できる。さらには，心の通い合いもとげられる。多くの教師が語っているように，声を届け合うことで教室は活性化し，絶好の学びの機会となる。

　こうした活動に取り組むための基礎として，発声・発音の指導も欠かせない。身体の姿勢を整えること，相手に声を届けるための基礎トレーニングなど，意識的に取り組むようにしたい。ところで，学習者に大きな声を求める教師が案外多い。これは注意が必要である。声が大きいことではなく，声を聞き手に確実に届けることを大事にしたい。

（2）　コミュニケーションのなかでの聞く力を育てる

　話すことと聞くことは，いわば車の両輪の関係にある。従来，社会教育などで，話すことについてさまざまなスピーチトレーニング法が開発されてきた。ところが，聞くことについては，その本質の解明を含め，まだまだ未着手の部分が多い。授業についても，聞き手の方を向きなさいといった態度の指導が一般的ではないだろうか。その理由として，聞き手が自身の聞く力の不足を実感できないこと，また，聞くことの内容が多岐にわたっていることが指摘できる。聞くことに関わって，次の意識をどうもたせるかが大事である。

　・対事意識　話されている内容への構え
　・対他意識　話している相手についての構え

・対自意識　聞いている自分への構え[3]

また，聞く力について，その特徴に応じて整理すると次のようにとらえられる。こうした項目ごとに焦点化した学習活動を計画的におこなう必要がある。

態度的な系列に属する力

（おしゃべりをしないで聞く，最後まで聞く，等）

能力的な系列に属する力

・しぼって（収束的に）聴く（話の中心点を聴く，事象と感想・意見との関係を考えながら聴く，等）

・広げて（拡散的に）聴く（話の展開を予想しながら聴く，話の内容の不足している点を考えながら聴く，等）

・求めて聴く（話題に関してさらに情報を得ようとする，疑問に思うところを，確認したり質問したりしながら聴く，等）

・聴いた事項を書きとめる（聴いた内容をメモに整理する，聴きながらメモをとる）[4]

（3）　学びの基礎としての話し合い

話し合いは言い合いではない。むしろ，聞き合いととらえたほうが適切であろう。話し合いとしては，次の二つの種類がある。

現実の問題解決のための話し合い

・会議

話し合いについて学ぶための話し合い

・バズセッション

・ディベート

・パネル・ディスカッション

ここで大事なことは，論理などをクリティカルな（適切かどうか吟味する）思考の育成を重視するのか，それとも人間関係を築きながら力を合わせて取り組むのか，話し合いの形態・目的に応じて区別することである。

たとえば，ディベートやパネル・ディスカッションは，あえて言えば前者であろう。いくつかの立場（ディベートは二つ，パネル・ディスカッションは三つ以

上）に分かれ，その立場からテーマ（論題）について議論を進めていく。ゲーム的な設定のなか，限られた時間で，議論を組み立て分析する活動に取り組める点ですぐれている。一方，会議やバズセッションでは，互いに力を合わせて問題解決をはかる点に特徴がある。それぞれの長所を生かした学習によって，きちんと話し合える力を育てたい。

　また現在，学習のあり方に関わって，従来型の個人単位の競争を基本とした学習から，グループで協力する協働の学びへ変える必要性が説かれている[5]。あらゆる教科の学習の基礎としても，話し合う力は不可欠である。

4　授業にあたって気をつけたいこと

　2017年告示の学習指導要領では，言語活動の例として学習活動が示唆されている。たとえば，小学校について見てみよう。

・説明や報告など調べたことを話したり，それらを聞いたりする活動。
・質問するなどして情報を集めたり，それらを発表したりする活動。
　（1・2学年）
・互いの考えを伝えるなどして，グループや学級全体で話し合う活動。
　（3・4学年）
・それぞれの立場から考えを伝えるなどして話し合う活動。（5・6学年）

　こうした文言をもとに教科書教材が作られていることもあって，各社教科書には，魅力的な教材が揃っている。ただし，教科書教材にすべてを頼るのではなく，教師自身の創意工夫をこらした授業づくりにもあたりたい。

　①　子どもの既習内容を確認する。
　②　子どもの興味・関心に配慮する。
　③　子どもが相手意識・目的意識を喚起できるように工夫する。
　④　学習の目的に応じて教材を提示する。
　⑤　評価のポイントをしぼっておく。

　活動を通した学習にあって，①・②は当然の前提である。日ごろから子ども

たちが何に興味をもっているか，知っておくようにしたい。コミュニケーショ
ンの成立をめざすうえで③は大事である。誰に何のために伝えるかを意識して
取り組めるように配慮しておきたい。自分が言いたいことをそのまま言うので
はなく，目的に合わせ，相手にわかってもらえるような内容・言い方を工夫す
るのである。そのあたりが十分に理解できていると，課題を子ども自らが引き
受け，能動的に取り組む構えをつくることができる。

　④について，教材イコール教科書という見方が一般的であった。しかし，話
すこと・聞くことの教育にあっては，視野を広げてとらえよう。教科書を使う
場合でも，ビデオテープやCDのような視聴覚資料，ワークシート，教師・学
習者の実演（録画した素材も含め）なども含めて有効活用したい。教材（学習材）
を生かすにあたって，（ア）意欲喚起のため，（イ）内容提示のため，（ウ）方
法提示のため，（エ）見本提示のため，のいずれのねらいかの吟味が求められ
る。

　授業では，手順・指示を明確にする必要がある。なるべく具体的レベルまで
下ろして説明できるように心がけたい。たとえば，「わかりやすく話しなさい」
という指示は抽象度が高い。もっとかみ砕いておく必要がある。話す内容はど
うか，話し方はどうか，分析的にとらえるようにしておきたい。「（特徴を伝え
るため）色・形・数字を入れて話しなさい」「（大事なことを言う場合）直前に一
拍だけ間をあけなさい」といった具体化が必要である。小学校高学年以上であ
れば，友だちの学習活動や自身のビデオなどをもとにして，学習者自身がより
よい手順を考える，「メタ認知」をもたせる取り組みも考えられよう。

5　従来型授業観からの脱却

　話すこと・聞くことの教育について，「授業がにぎやかで，遊びみたいだ」
といった批判がおこなわれることがある。国語の授業とは，予定どおりに，そ
れも静かに進行する時間であるといったイメージが共有されているからであろ
う。だが，これは国語の授業が読むこと中心で，教師主導のパターンが支配し
ていたことから形成された偏見である。ここまで述べてきたように，話すこ

と・聞くことの授業では，声を届け合うことで，主体的な活動を促進することを目ざす。遊びに見えて，実は，深い相互交流がはかられている実際も少なくない。コミュニケーションの充足を，単なる遊びとしてしか見ることができない認識にも問題があり，むしろ教師側の学習観転換こそ求められている。従来の受動的・静的な学習観から，活動からの学びを重視した学習観に変革する必要がある。もちろん，「活動あって学習なし」と批判された昭和20年代の経験主義の反省を生かし，学習内容・評価観点の明確化が必要である。また，学習後の振り返り（リフレクション）をとおして学習者が自己の取り組みを見つめ直し，課題意識を持つ機会を用意したい。

　もちろん書くことや読むことの授業にあっても，上述の学習観に立脚する必要がある。学習活動にあっては，学習者どうしの相互交流が基本となる。話すこと・聞くことで培った力が国語科全体に生かされるのである。声を届け合う楽しさを教室全体で共有できるように取り組みたい。　　　　　　　［中村　敦雄］

注
（1）　村松賢一『対話能力を育む　話すこと・聞くことの学習』明治図書，2002年。
（2）　高橋俊三『群読の授業』明治図書，1990年。
（3）　高橋俊三『対話能力を磨く』明治図書，1993年。
（4）　高橋俊三・声とことばの会『聴く力を鍛える授業』明治図書，1998年。
（5）　Ｄ・Ｗ・ジョンソン他『学習の輪』二瓶社，1998年。

参考文献
高橋俊三『声を届ける―音読・朗読・群読の授業』三省堂，2008年。論述は明快で示唆に富んでいる。CDも付いており，実践的な独習が可能である。
井上尚美・関可明・中村敦雄『言葉の力を育てる　レポートとプレゼンテーション』明治図書，2009年。眼と耳への効果的なコミュニケーションとしてのプレゼンテーションについて，小・中学校での実践の可能性を追究している。

第2節　文学作品（物語・小説・詩）

1　文学の授業で何を教えるか
──〈教材内容〉と〈教科内容〉と〈教育内容〉

　文学の授業で何を教えるかという問題に対しては，次の三つのレベルで考えることが有効である。

a〈教材内容〉……これは教材固有の内容をさす。作品名と作者名はもとより，表現されている内容（筋・人物・事件・主題など）について理解させることをめざす。いわば「教材を教える」という立場である。ただし，これだけでは特殊で個別的な知識にとどまる危険性がある。

b〈教科内容〉……これは，1960年代の民間教育研究運動における「科学と教育の結合」という考え方に基づいて形成された概念である（柴田義松『現代の教授学』明治図書，1967年）。つまり，各教科の基礎となっている諸学問の体系（科学的な事実・概念・法則・技術など）が指導事項の中心になる。国語科（文学領域）でいえば，文学表現の原理・方法およびそれに基づいた「読みの技術」がそれにあたる。aよりも一般的・法則的な内容である。

c〈教育内容〉……これは，bの〈教科内容〉よりももっと広く，教科の枠組みを超えて指導するものである。文学の授業では，特に人間の真実や本質，さらに人間としての生き方などの価値的な部分も含まれてくる。それは科学という枠を超えて，文化・社会・道徳などの広範囲な指導事項に及ぶ。

　以上から，文学の授業で何を教えるかという国語科内容論として，a〈教材内容〉，b〈教科内容〉，c〈教育内容〉の三層構造を設定することができる（右図）。

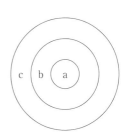

　ここから，次のようなことが導き出せる。

　①aのレベル（教材を教える）にとどまってはならないこと，②国語科である以上は必ずbを指導

すること，③bまたはcを指導するときは必ずaをふまえること（作品の豊か
な理解が前提），④cを指導するときは必ずbを含むこと（国語の学習が前提）
という原則である。いずれにせよ指導内容の中核となるのは，bの〈教科内容〉
である。

2 〈教材内容〉と〈教科内容〉と〈教育内容〉のちがい

まず，aの〈教材内容〉，bの〈教科内容〉，cの〈教育内容〉という三つの
概念がいかなるものかを具体的に見ていくとともに，それに基づいて，これま
での文学教育論・実践を整理してみることにしよう。

a〈教材内容〉を教えるという立場

これは，従来の読解・鑑賞指導に多く見られる立場である。作品の世界をよ
り豊かに深く理解させることを第一義的な目標とするもので，授業では学習者
のイメージ体験，感動体験，文学体験が重視されている。

指導内容は，作品固有の世界（題材・筋・構成・人物像・心情・主題など）で
ある。それを豊かに理解させていくことになる。武田常夫の『イメージを育て
る文学の授業』（国土社，1973年）における「夕鶴」（木下順二），「大造じいさん
とがん」（椋鳩十），「走れメロス」（太宰治）の授業はその典型である。

ただし，この立場はともすると，bの〈教科内容〉が曖昧になり，その場主
義的で心情主義的な扱いに陥りやすい。作品に埋没してしまい，子どもにどう
いう読みの力をつけたのか不明確になりやすい。

b〈教科内容〉を教えるという立場

教えるべきことは，国語科固有の言語活動や文章表現に関する科学的な概
念・法則・原理・技術である。「読む・書く・話す・聞く」に関わる言語技術
といってもよい。文学の授業では，イメージ豊かに，主題・思想にまで掘り下
げて深く分析する技術（文学の読み方・味わい方）であることが望ましい。

阿部昇の「オツベルと象」（宮沢賢治），「走れメロス」（太宰治），「故郷」（魯
迅），「からたちの花」（北原白秋）の授業などはその典型である。向山洋一の
「分析批評」，興水実の「スキル学習」などもこれに含まれる。

　この立場に対しては，次のことが問われなくてはならない。第一は，「読みの技術」の科学的根拠（理論的裏づけ）は何かということである。第二は，「読みの技術」がどれだけ広く適用できるかということである。第三は，〈教材内容〉をよりよく理解することに役立つ技術かということである。第四は，技術の形式的訓練にならず，知的好奇心や追究心を引き出すような教材選択や授業展開をいかにおこなうかということである。

c　〈教育内容〉を教えるという立場

　文芸研（文芸教育研究協議会）の「人間観・世界観を育てる教育」がこの代表的な例である。西郷竹彦は「人間教育としての国語科」をはっきりと打ち出している。これは明らかに〈教科内容〉を超えるものになっている。そこで教えるべき内容は，認識論に基づく「認識の方法」（観点・比較・順序・変化・類別・条件・関係・構造・仮説・関連・相関……）およびそれを通して明らかになった「認識の内容」（人間観・世界観）である。ただし，ｂの〈教科内容〉のレベルでは，文芸学の理論（形象論・視点論・人物論・構造論・表現論・主題論・思想論・象徴論・文体論・虚構論・典型論）が設定されている（『西郷竹彦文芸・教育全集』全36巻，恒文社，1996〜98年）。

　西郷の「実験授業」は，こうした〈教育内容〉を教えるという壮大な試みである。特に「気のいい火山弾」（宮沢賢治）の授業（1986年），「イナゴ」（まど・みちお）の授業（1991年），「ひとつの火」（新美南吉）の授業（1992年）はその典型的な事例である（「ひとつの火」については後述する）。

　この立場に対しては，まず国語科の領域・枠組を逸脱していないかということが問われるべきである。国語科との整合性という問題である。西郷は，「国語科の目標をたかだか〈「ことばの力」をつける〉程度にとどめているとは，まことに低い〈志〉というべきではないか」「国語科教育こそが，教科として正面から，人間というものの見方，考え方を教えることのできる教科なのだということを強く認識していただきたい」と述べている[1]。

　こうした主張は，現在の学校教育に欠落した観点であり，きわめて革新的かつ独創的なものである。しかし，国語科の最大の目標は，やはり「ことばの

力」を育てることに向けられるべきだろう。「ものの見方・考え方」について
いえば，算数でも理科でも教えられるし，「人間観・世界観」も，総合的学習
をはじめ，他の教科でも育てることができるのである。

　次に問われるべきことは，「教材との整合性」である。授業は，aの〈教材
内容〉をふまえているかということである。たとえば，この作品でこういう人
間認識を育てたいというとき，テキストをねじまげて読んだり，作品の雰囲気
を壊したりしていないかということである。さらに，概念や思想の教え込みに
ならず，子どもの知的好奇心や追究心を喚起していくような教材選択や授業展
開をいかに仕組んでいくかという「子どもとの整合性」の問題もある。

3　授業の実際─何がどう教えられているか

　次に，a〈教材内容〉重視型，b〈教科内容〉重視型，c〈教育内容〉重視型
という三つの立場の実践例を見ていくことにしたい。

a　武田常夫の授業

「大造じいさんとがん」（椋鳩十）の授業における発問を取り出してみる。

> T　〈おりのふたをいっぱいに……〉とあるね。いっぱいに，ということばのな
> 　かに，じいさんのどんな気もちが読みとれるでしょう。
> T　じいさんは，おりのふたをあけましたね……これは，ゆっくりあけたのでし
> 　ょうか，それともさっとあけたのでしょうか？
> T　この大造じいさんの声，残雪にきこえたろうか？
> T　残雪は北へ北へととんでいきます。おじいさんの家がだんだん遠ざかってい
> 　く，なつかしい沼地も小さくなっていく……。残雪はどんな気もちだったでし
> 　ょうね。(2)

　このように，基本的には登場人物の心情を理解するための学習課題となって
いる。「どんな気持ちか」という発問が多い。しかし，一般的な読解指導と異
なるのは，具体的な発問などによって，より豊かで深い理解を促している点で
ある。武田の授業は，登場人物の「生」を読者が今日的に生き直すという経験
を重視しているのである。

　授業は，次のような武田の発言で終わっている。

　　　いまの健ちゃんの朗読をききながら，いろいろなことが頭にうかんだと思いま
　　す。そのなかでみなさんが，心の中にいちばん強く残ったもの，いちばんつよく
　　焼きつけられたものはなんですか，そのことを，めいめいの心の中にしっかり収
　　めてください。それはひとによっていろいろあると思います。いろいろあってい
　　いと思います……。発表しないでしまっておきましょう。

　ここには，〈解釈〉の内容は最終的に子ども一人ひとりに任せておくという
姿勢が表れている。〈解釈〉とは，子どもたちの生活経験をもとにテキストと
対話した結果として生まれる。それは豊かなイメージの生成といってもよい。
そのためには，深い教材研究に支えられた具体的で明確な発問が必要になる。
　たとえば，「次郎物語」（下村湖人）の授業を見よう。喜太郎が次郎とお鶴に
砂をかけて，食べていたにぎり飯が「むざんによごれてしまった」という場面
で，武田は次のように発問する[3]。
　「いったいこのにぎり飯は，どういうにぎり飯だったのだろう。のりまき，
ごましお，それともまっ白なおにぎり？」
　これによって，子どもたちは「まっ白なおにぎりだからよけいにむざんとい
う感じが強い」というように，人物の心情をイメージ豊かに理解していった。
「むざんとはどういうことだろう」といった一般的な発問に比べて，はるかに
具体的で方向性のある発問である。子どもたちは主人公の「生」をイメージの
世界で追体験的に生きているのである。
　このように見てくると，武田の授業では〈教材内容〉の理解が中心であり，
読み方にかかわる知識・技術は明示的に教えられてはいないことがわかる。武
田が勤務していた島小の授業案には「授業の結晶点」という項目があるが，こ
れは授業の性格をよく表している。〈教材内容〉としての文学世界を豊かにイ
メージしながら作品の主題や思想に深く迫っていくという意義はあるが，一方
では，「何が教えられているかわからない」といった漠然とした印象も与える
ことになる。

b　阿部昇の授業

　次に，阿部昇の「オツベルと象」（宮沢賢治）の授業を見ていこう。そこで
は基本的な「形象よみ」の方法が指導されている。たとえば，〈ある牛飼いが
物語る〉という冒頭の一文をめぐって，「肯定・否定の両面から読む」「他の表
現・内容に換えて，その差異を読む」などの読み方（技術）が教えられている。

　こうした客観的・普遍的な「読みの技術」すなわち〈教科内容〉への志向性
は，阿部が次のように発言（助言）していることからもうかがえる。

> 　T　先生，形象よみのコツ，いくつか教えてある。こういう時はどうするんだっ
> 　　け？　その形象の読みを明らかにする時は？[4]

　注意したいのは，こうした「形象よみ」という技術の指導（bレベル）が，
この作品世界のイメージ化（aレベル）を促していることである。

　たとえば，〈牛飼い〉を「銀行家」や「大学教授」などに置き換えて考える
ことによって，生徒から「（農村という場の）一貫性がある」「場がつながって
いる」とか「庶民的」「聞きやすい」「親しみやすい」「おもしろそう」といっ
た意見が出ている。また，〈物語る〉という部分を「肯定・否定の両面から読
む」ことによって，「現実感，リアリティーがある」と同時に「主観的で不確
実」な内容を含んでいるといった意見も出ている[5]。

　これらは「オツベルと象」で軽視できない要素である。〈牛飼い〉という特
殊な「語り手」の設定は，この作品のイメージや主題に深く関係している。と
いうのも，この語り手は中立的・客観的に語るのではなく，作中場面において
自分の考え（人物に対する価値判断など）を表明しているからである。〈オツベ
ルときたら大したもんさ〉〈ところがオツベルはやっぱりえらい〉はその例で
ある。さらに，この物語が農村を舞台にしていること，〈牛飼い〉という労働
者階級の目を通して語られていることも大きな意味をもつからである。

　こう見てくると，この授業は「b→a」という志向性をもっており，単なる
機械的な技術訓練に陥っていない。しかも，知的な魅力に富む学習課題となっ
ている。授業記録を見ると，生徒が「口々に」発言していく場面が多いからで

ある。文学作品の読み方が〈教科内容〉として有効に教えられている。

　読み研（「読み」の授業研究会）の授業では，「学習班」をもとにした全体討論がよくおこなわれている。小林信次による「ごんぎつね」（新美南吉）の授業を取り上げてみよう。

> T　Aは，ごんを撃ったところ，Bは，ごんに気づくところ，Cは，ごんがうなずくところです。どこがクライマックスかな？
> 愛子　Bがいい。ここのところで，おまえだったのかと，ごんがやったことがわかるので，クライマックスだと思う。
> 京子　「ごん，おまえだったのか。」とはじめてごんということが，兵十にわかる。はじめて知ったところだから，Bがクライマックス！
> 加藤　それじゃ「うなずきました」の方がもっとわかるんじゃないんですか。
> 田中　でも，「いつもくりをくれたのは」というところで，兵十は，もうわかっている。
> 川東　「ドンとうちました」の方が，もりあがる。
> 山田　でも，撃っただけでは，兵十は変わらない。お前だったのかで，兵十も変わる。
> 内川　撃っただけでは，もしかしてあたらないかもしれないので，まだ事件は，解決していない。
> C　やっぱり，Bの方がいい！！
> T　そうですね，クライマックスは，みんなの意見のとおり，Bがいいでしょう。もりあがりもあるし，兵十がごんを撃って，くりをもってきたのがごんだと気づくところです。事件も解決している[6]。

　「ごんぎつね」の「構造よみ」である。子どもたちは，「大きな事件が起こって，それが解決するところ」という「クライマックス」の定義（作品分析の規則）に基づいて〈分析〉したことをめぐって討論している。これによって，意見の対立点が明確になるとともに，それが基準に合致しているか否かという検討がおこなわれるのである。かくして思考が活性化し，授業が活性化する。

　「読み研方式」は，教材研究法としても指導過程論としても有効である。科学的な「読み」のセオリーや技術を定式化して，自力読みの力をつけさせると

いう立場から，小説や物語では「構造よみ」「形象よみ」「主題よみ」，詩では「構造よみ」「技法よみ」「主題よみ」という過程・方法が確立されている。とりわけ構造表（冒頭―発端―山場のはじまり―クライマックス―結末―終わり）に基づく「構造よみ」には定評がある。

　また，阿部昇は形象を読む技術に正面から取り組み，「普通と違う表現・内容に目をつける」「前と変化している表現・内容に目をつける」「他の表現に換えてその差異を読む」「肯定・否定の両面から読む」といった観点・方法を提案している。

　しかし，時として個々の作品と一般的なモノサシとの整合性が問題になるケースがある。詩の「構造よみ」では「起承転結」の四部構造に分けるのだが，作品によってはうまく機能しないこともある。そのときは無理に当てはめる必要はない。普遍的な「読みの技術」の習得（bレベル）と個別的な作品の鑑賞（aレベル）とを両立させるような授業を基本とすべきである。

c　西郷竹彦の授業

「ひとつの火」（新美南吉）の授業を取り上げてみよう。

　この作品は，語り手の〈わたし〉が子どもの頃，一人の牛飼いの提灯に生まれて初めてマッチで火をつけてやった後で，「わたしのともしてやった火はどこまでゆくだろう」と想像するという話である。作品の最後で，大人になった〈わたし〉は，今でもその火が「つぎからつぎへとうつされて，どこかにともっているのではないか」と思うのである。

　西郷は，物語の前半部の〈牛飼いにともしてやった火〉を「現実のひとつの火（いつかは消える火）」，後半部の〈どこかにともっているのではないか〉という「わたしのねがい」を「空想のひとつの火（消えない火）」ととらえている。そのうえで，前者（正）と後者（反）の止揚（合），すなわち「矛盾するものが一つにとけ合っているというおもしろさ」ということが教えられている。

　　T　火というものは，いつかは消えるものだけど，この話の中では，いつまでも消えない〈いまでも〉〈どこかにともっているのではないか〉，そういう話になっている。矛盾しているものが，一つにとけ合って，一つにせり上がっている。

そこが，この「おもしろさ」，この話の「あじわい」ですね。こういうのを何て言うかというと「文芸の美」と言います。[7]

　ここでは，明らかに「弁証法的なものの見方・考え方」とそれに基づく「美の構造」が直接的に指導されている。「文芸の美」という点を除けば，国語科という教科を超えた学習内容となっている。ｂレベルを突き抜けて，ｃレベルにまで踏み込んでいるのである。ただし，**2**で述べたように，「概念の教え込み」的な要素が見られる。授業展開にさらなる工夫が必要だろう。

　以上のように，〈教材内容〉と〈教科内容〉と〈教育内容〉を区別することによって，文学の教材研究や授業づくりは言うまでもなく，授業の分析・評価にも有益な観点をもたらしてくれる。たとえば，いま教師が指導しようとしていることは三つのレベルのどれか，また，それはその教材にとって妥当なものかといった判断ができるようになるのである。

　さらに，作品の主題の扱い方にも示唆を与えてくれる。それは本来〈教材内容〉であるが，普遍的な価値観・人間観を教えようとすれば〈教育内容〉となる。が，これは道徳教育になりやすい。〈教材内容〉をふまえないで〈教育内容〉を指導するのは，「作品を作品として読む」という基本原則に反している。

［鶴田　清司］

注
（１）　西郷竹彦『法則化国語の授業批判Ⅰ詩・民話篇』国土社，1990年，26頁。『文芸教育』№ 50，1990年，22頁。
（２）　武田常夫『イメージを育てる文学の授業』国土社，1973年，21〜31頁。
（３）　同上書，135頁。
（４）　阿部　昇『力をつける「読み」の授業』学事出版，1993年，168〜179頁。
（５）　同上書，172頁。
（６）　大西忠治編『教材研究の定説化2「ごんぎつね」の読み方指導』明治図書，1991年。
（７）　『文芸教育』№ 59，1992年2月，52頁。

第3節　説明的文章

1　説明的文章のジャンル

　説明的文章のジャンルについて，今まで多くの研究者・実践家がいろいろな枠組みを示してきた。その一つ一つの細目には，たとえば「報告文」「観察文」「記録文」「解説文」「感想文」「意見文」などさまざまなものがある。が，基本的には，それらは次の二つのジャンルに分けることができる。

$$\text{説明的文章} \begin{cases} \text{説明型（文章）} \\ \text{論説型（文章）} \end{cases}$$

　「説明型」は，社会のなかで真としてほぼ認められていること，あるいは研究・学問分野で定説として認められていることを，それをまだ知らない人たちに向かって説き明かした文章である。一方「論説型」は，社会のなかでまだ見解が定まっていないこと，研究・学問分野で定説とはなっていないこと（仮説）を，多くの人たちに説得的に論証しつつ述べていった文章である。前者には，「説明文」「報告文」「観察文」「記録文」等が含まれる。教科書の文章の大部分，また製品の使用マニュアルなどもこれにあたる。後者には，「意見文」「主張文」「評論文」等が含まれる。「論文」といわれるものもこれに該当する。

　ジャンルに分けるのは，それらの書かれ方の違いに伴って，文章の読み方が変わってくるからである。特に文章を吟味（評価・批判）する際に，その違いは大きくなってくる。「説明型」は，書かれている内容・結論自体よりも，それがどのように説き明かされているかについての妥当性を吟味しながら読むことが重要になる。「論説型」は，書かれている結論（仮説）が，本当に説得力をもったものとして論証できているかどうかを吟味しながら読むことが重要になる。前者は説き明かしの過程，後者は論証の過程とその結論に特に着目しながら読んでいくのである。

2　内容主義と形式主義の落とし穴とその克服

　説明的文章の指導では，専らその内容を理解することを重視し，書かれ方（論理や表現）を読むことをほとんどさせない場合がある。「オゾン層の破壊」「浮世絵の歴史」といった内容を，教師が解説したり子どもたちにリサーチさせたりしながら理解させていくことが指導の中心となる。他方で，専ら形式的な技能を身につけることを重視し，その内容に入っていくことをほとんどさせない場合がある。キー・ワードを見つける，要約をする，要旨をまとめるといった技能を操作主義的に身につけさせることが指導の中心である。前者を「内容主義」，後者を「形式主義」などという。

　前者は，文章の書かれ方（論理や表現）にこだわることがないために，文章を深く読みとる力はほとんどつかない。また，書かれ方にこだわらないままでは，文章を吟味する力もついていかない。後者は，形式だけの文章読解となるために，子どもたちが文章を読んでいくなかで発見をしたり疑問をもったりといった要素が軽視されるようになる。特に要約の指導では，要約の過程で，捨象された部分の読解が軽視される傾向にある。もちろん形式の読みとりだけでも，文章を吟味する力はつかない。

　そういった二つの落とし穴にはまりこむことなく確かな読みの力をつけていくために，いくつかの提案がこれまでされてきた。たとえば，説明的文章を「ロジック（論理）の展開として見るだけでなく，ロジックを相手に伝えるレトリックの面からとら」えることが提唱された[1]。また，「筆者の工夫」を問うていく読みの学習の必要性も示された[2]。しかし，内容主義と形式主義の問題は，まだ解決されているとはいえない。

3　説明的文章を吟味・評価・批判する力をつけるための指導

　今までの国語科教育では，教材としての文章は絶対であるという前提で指導がおこなわれてきた。説明的文章も例外でない。だから，文章の内容や論理をただ「理解」させるだけという指導がほとんどであった。当然，子どもたちに文章を吟味（評価・批判）させていく指導はほとんどおこなわれてこなかった。

　しかし，文章を吟味（評価・批判）する力をもててこそ，子どもたちは主体的な読み手として育っていける。また，先に述べた「内容主義」「形式主義」を克服するためにも，文章の吟味（評価・批判）という観点は重要である。吟味をしていくためは，内容だけに着目しても書かれ方だけを問題にしてもいけない。内容と書かれ方を統一的に把握していくことが，必然的に求められていく。そういった意味から文章吟味の指導が最近注目されつつある。

　次の文章は，かつて教科書に掲載されていたものである。

---

①どんなことでも，まず頭の中でよく考えてから行動に移るのが常識である。②何も考えないで行動すれば，必ず無謀なことになるにちがいない。③であるから，無責任なことを平気でやるような人は，考えることのない人間なのであろう。④しかし，この世の中には考えることのできない人はひとりもいない。⑤したがって，学校内にも他人に迷惑をかけるような不快なことをする人はいないはずだ。

（文番号①②…は，阿部が付けた。）（三省堂『中学国語2』1964年）

　第③文と第④文が前提となって，第⑤文を導き出す関係になっている。

　第③文「無責任なことを平気でやるような人は，考えることのない人間」は，ほぼ納得できる。第④文「この世の中には考えることのできない人はひとりもいない」も，ほぼ納得できる。しかし，それらの前提から，第⑤文「不快なことをする人はいないはず」という現実とは隔たった結論が出てしまっている。なぜこういうことになったのか。どこに論理上の問題があったのか。

　これは，第③文の「考える」と第④文の「考える」相互にズレがあるからである。第③文の「考える」は，道徳的に判断するという意味で使われているのに対し，第④文の「考える」は，それ以前のただ思考するというだけの意味で使われている。つまり二つの「考える」に明らかなズレがある。にもかかわらず，それらを同じものとして推理したために，不十分な結論が出てしまった。

　このように教材を吟味（評価・批判）させながら，子どもたちにその吟味の方法（スキル）を身につけさせていく必要がある。この場合は「同じ語彙・表現で示されていることがら（事実・概念）相互に不整合はないか」といった方

法を学ばせることになる。他にも「因果関係が逆である可能性はないか」「選ばれた『事実』に非典型性はないか」「『事実』提示に誇張・矮小化はないか」「仮定・相対を既定・絶対と混同させていたりすり替えていないか」等の方法（スキル）を系統的に学ばせていく必要がある。

　こういった吟味（評価・批判）の力は，OECD の PISA（生徒の学習到達度調査）「読解力」でも重視されている。また，2017年版学習指導要領の「国語」の「内容」でも「文章を批判的に読みながら，文章に表れているものの見方や考え方について考えること」（中3）が位置づけられている。

4　説明的文章の指導過程

　説明的文章の指導では，文章を読むための多様な方法を，系統的に学ばせ身につけさせていく必要がある。そのために，さまざまな指導過程が提案され試みられてきたが，ここでは三読法の流れに沿った指導過程の例を提示する。

（1）　構成・構造を読む過程（通読）

　まず文章の構成・構造を読んでいく過程である。説明的文章の典型的な構成・構造は「はじめ・なか・おわり」「序論・本論・結び」などの三部である。

　はじめ（序論）は，その文章でこれから説き明かしたり論じたりしていくことについて予告をする役割を担うことが多い。「問題提示」の役割である。読み手を文章に引き込む「導入」の役割をもつこともある。論説文の場合は，はじめで「結論（仮説）」を提示することもある。

　おわり（結び）は，その文章の「まとめ」や「結論」が示されることが多い。それらに基づいて「新たな問題提示」をおこなう場合，「感想」を示したり「補足」をおこなったりする場合もある。

　授業では，はじめは何段落までか，おわりは何段落からか，といったことを子どもたちに検討させていく。そのうえで，なかをいくつかのまとまりに分割させていく。その際になか1・なか2……の関係について，並列型か展開型かなどを検討していく。教材によっては，それらをめぐって白熱した論争が展開されることがある。

　そういった過程によって，文章の大きな流れを俯瞰しつつ，子どもたちは説明的文章の全体構成（構造）を把握する力をつけていく。また，この読みとりが，この後の論理の読みとりや吟味に生きてくることになる。

　「はじめ・なか・おわり」「序論・本論・結び」という構成・構造とその役割を理解すること，そしてそれを実際に文章の読みとりで使えることが，教科内容として重要である。

（2）　論理やことがらを読む過程（精読）

　文章のことがらと論理を分析的に読んでいく過程である。ことがらを確認しつつ，段落相互，文相互，語句相互の論理の関係を把握していく。

　第一の構成・構造を読む過程で明らかにした「はじめ」「なか1」「なか2」……「おわり」それぞれについて，ことがらを確認しつつ，柱となる段落（キー・パラグラフ）に着目する。そして，柱の段落とそれ以外の段落との論理関係を読んでいく。たとえば「なか1の柱の段落は第4段落で，第2〜3段落で書かれていることが第4段落にまとめられている」「第5段落は，第4段落の記述を補足している」——といった形で把握していく。

　次いで，その柱の段落のなかで，柱となる文（キー・センテンス）に着目する。そして，段落の場合と同じように柱の文とそれ以外の文との論理関係を読んでいく。たとえば「第4段落の柱の文は第①文で，第②〜③文はその例を示している」——といった把握である。そういった読みの過程のなかで柱の語句（キー・ワード）や語句相互の関係も見えてくる。

　この指導は，要約を求めていく指導と部分的に重なるが，それが目的ではない。ことがらと論理を読みとる力をつけていくことに大きな意味がある。ここでの読みとりも，この後の文章の吟味に生きてくる。

　柱となる段落や文があることを理解すること，柱の段落・文とそれ以外の段落・文とにはさまざまな論理関係があることを理解すること，そして，それを実際に文章の読みとりで使えることが，教科内容として重要である。

　次は，小学校5年生の説明的文章教材「日本の夏，ヨーロッパの夏」（倉嶋厚）のなか1にあたる部分である（ただし第1段落及び附属の図表は省略，教育

出版『国語五上』2001年）。これを使って，段落の論理関係の把握の例を示す。

２　同じ北半球にあっても，日本とヨーロッパとでは，夏の暑さがかなりちがい
ます。いったい，どのように暑さがちがうのでしょうか。東京とイギリスのロ
ンドンを例にとって，調べてみましょう。

３　まず，月々の平均気温から比べてみましょう。上の図は，東京・パリ・ロン
ドン・グアムの一年の平均気温を表したものです。この図でわかるように，ロ
ンドンの七月・八月の気温は，東京の五月や十月の気持ちのよい季節の気温と
ほぼ同じです。フランスのパリ，ドイツのベルリンなどの真夏の気温も，だい
たいこれと同じです。これに対して，東京の七月・八月の平均気温は，ロンド
ンより十度近く高く，むしろ南洋のグアム島の気温に近いのです。

４　次に，東京とロンドンの，夏の平均雨量を比べてみましょう。東京の六，七，
八月の三か月間の平均雨量は四五九ミリメートルで，ロンドンの一五七ミリメ
ートルの約三倍にもなります。東京とロンドンだけではなく，日本各地とヨー
ロッパ各地を比べてみても，かなりのちがいがあります。このことは，夏の日
本では，ヨーロッパに比べて，空気の中に水蒸気がたくさんふくまれているこ
とをしめしています。

５　この二つの比較から，日本の夏は，確かにむし暑いということがいえます。
それに対して，ヨーロッパの夏は，気温はあまり高くなく，空気もかわいてい
て，大変さわやかだといえましょう。（段落番号は，阿部が付けた。）

　第２段落の「日本とヨーロッパとでは，夏の暑さがかなりちがいます。いっ
たい，どのように暑さがちがうのでしょうか。」が，なか１の小問題提示の役
割を担う。その問題提示に第３段落〜第５段落が応える。第３段落では東京・
ロンドンなどの「平均気温」について，第４段落では東京・ロンドンなどの
「平均雨量」について，それぞれ比較検討をしている。その二つの段落の検討
を前提に，第５段落で「日本の夏はむし暑」く「ヨーロッパの夏は，気温はあ
まり高くなく，空気もかわいていて，大変さわやかだ」という結論を出す。第
５段落が柱の段落にあたる。（第５段落は二つの文が，ともに柱の文である。）

（３）　吟味（評価・批判）をおこなう過程（味読）

　これまでの構成・構造の把握，論理の把握に基づいて，文章を吟味していく

過程である。「吟味」とは，文章の優れた点を評価したり，不十分な点を発見したり批判したりすることである。吟味（評価・批判）には，さまざまな方法がある。たとえば「『事実』が二つ以上に解釈できて誤解を生じないか」「選ばれた『事実』に過剰・不足はないか」「選ばれた『事実』以外の選択可能性はないか」「隠された『事実』『法則』『価値観』はないか」等の方法を使う。本節3で紹介した方法も含まれる（優れた点の評価についてはここでは省略する）。

　上記のようなさまざまな吟味の方法を理解すること，そして，それを実際に文章の読みとりで使えることが，教科内容として重要である。

　「日本の夏，ヨーロッパの夏」の第3段落で筆者は東京とロンドン・パリ・ベルリンの気温を比較している。特定の都市を例示しつつ論述していくという方法自体には問題はない。ヨーロッパのすべての都市を例示するわけにはいかないだろう。しかし，ロンドン・パリ・ベルリンで「ヨーロッパ」の「暑さ」を代表させることには無理がある。都市の選択の不十分さである。

　ヨーロッパにはロンドン・パリ・ベルリンのように大西洋の影響を受ける気候の地域だけでなく，マドリッド・アテネ・ローマなどのように地中海の影響を受ける気候の地域もある。が，なぜか第3段落ではそれらの都市のデータを選択していない。そういった都市は例（事実）として選択しなくていいのか。

　そう考えて，それらの国の7月・8月の平均気温を調べてみると，マドリッドが約24度，アテネが約27度で，東京の約26度とほとんど変わらないか，むしろ高いくらいであることがわかる。そうなると第5段落の「ヨーロッパの夏は，日本の夏に比べ気温はあまり高くなく」という結論には無理があることになる。

　そもそも複数の気候が含まれるヨーロッパを，「ヨーロッパの夏は～」と一括りにして説明しようとしたこと自体に問題があるともいえる。通常の地理の教科書でも地中海地方と大西洋岸地方とを分けて気候を説明している。

5　説明的文章指導の発展

（1）　説明的文章の「読み」と「書き」

説明的文章の「読み」の指導を「書き」の指導に立体的に関連させていくこ

とは重要である。たとえば前述の文章の吟味（評価・批判）を「書き」の指導
に発展させていくという指導構想が考えられる。

　吟味（評価・批判）するなかでその文章の問題点が見えてきた場合，それに
基づいて子どもたちに当該の文章をリライトさせるという指導の構想が考えら
れる。「こうなっていれば，もっとわかりやすかった」「こう書いてあれば納得
できる」という観点で部分的に書き替えをしていくのである。また，吟味（評
価・批判）し，文章の優れた点・問題点を発見した場合，それを当該の文章に
ついての「批評文」という形で書かせていくという指導も構想できる。

（2）　説明的文章の指導と NIE

　NIE（Newspaper in Education）は，教育に新聞を取り入れていこうという運
動である。2017年告示の学習指導要領「国語」では，「読むこと」の言語活動
例として「新聞などを活用して調べたり考えたり」（小５・６），「論説や報道
などの文章を比較する」（中３）等新聞にかかわる内容が位置づけられている。

　説明的文章の指導は，これらと深く関連する。「記事の書き方」では，書き
手が対象・出来事からどのように「事実」を取捨選択しながら「記事」として
いくのかを吟味させる指導が重要となるが，これは記録的な説明文の読み方と
深くかかわる。「論説」は，複数の社説などを取り上げ比較・検討させる指導
などが展開できるが，これは論説文の読み方と深くかかわる。　　　［阿部　昇］

注
（1）　小田迪夫『説明文教材の授業改革論』明治図書，1986年。
（2）　森田信義『認識主体を育てる説明的文章の指導』渓水社，1984年。

参考文献
森田信義『筆者の工夫を評価する説明的文章の指導』明治図書，1989年。
阿部　昇『授業づくりのための「説明的文章教材」の徹底批判』明治図書，1996年。
阿部　昇『文章吟味力を鍛える─教科書・メディア・総合の吟味』明治図書，2003年。教
　科書の説明的文章教材を詳細に分析・検討しながら，特に文章吟味の方法について，新
　しい提案をしている。

第４節　作　文

1　作文指導で何を教えるのか

　大学生に小学校や中学校での作文学習体験について尋ねる。その中味は，何か特別な学校行事があったときに書かされることが多く，苦痛であった割には書く度に文章がうまくなるわけでもないし，書き方についてあまり指導された記憶もないといったものが多い。多くの学生が指摘するこうした実態は，作文指導で何を教えようとしているのかが見えにくいという問題点を浮き彫りにしている。国語科作文領域における教科内容が曖昧だったのである。

　現行の教育課程における国語科作文指導の中心的な教科内容は文章表現技術（＝書く技術）そのものである。しかし，国語科全体としては学習指導要領の総括目標の（２）や（３）にもあるように，「思考力」とか「想像力」，あるいは「言語感覚」といったより高次の内容も指導していくことが求められている。これらの「思考力」や「想像力」といったものは他の教科においても育成することができる。したがって，これらの力は国語科の教科内容であると同時により広く教育内容であるということができる。

　もちろん，教科内容としての文章表現技術と教育内容としての「思考力」「想像力」とは一体的な関係としてとらえられていかなければならない。すなわち，文章表現技術の指導を通して教育内容としての「思考力」や「想像力」が育成されていかなければならないのである。従来はこの両者の関係が必ずしも明確にとらえられていたわけではない。そのために，文章表現技術の指導が学習者にとっての書くことの必然的な状況をふまえることなく機械的におこなわれたり，逆に学校行事があればやみくもに書かせるといった指導がおこなわれてきたのである。これからの作文指導では，「思考力」を高めたり「想像力」を豊かにしていくためには，学習者にとっての書くことの必然的な状況をふまえつつ，教科内容としての文章表現技術が確かに身についていくような手立てを講じていかなければならないのである。

　ところで，文章表現の過程が思考の過程であることはいうまでもないことである。書くことは考えることでもある。だから，作文指導を通して「思考力」という教育内容を育成することは当然のことなのである。では，もう一方の「想像力」という教育内容は作文指導や「思考力」とどう関わっているのであろうか。実は，「思考力」と「想像力」とは相対立する概念ではないのである。思考は従来「想の展開」とか「想の生成過程」という言葉で表されることが多かった。また，思考は経験と言語，言語と知識との間を往復する心的な過程である。この往復の過程に「イメージ」（＝想像）がかなり重要な役割を果たしていることも明らかにされてきている。思考と想像とは分かちがたい関係を有しているのである。国語科における「想像力」は決して読みの指導の専有物ではないのである。

2　児童生徒の思考の集中を促す作文題材の開拓

（1）　作文チャンネルの切り替え──子どもの側からの発想

　作文指導に関するアンケート調査などを目にすることがある。その調査結果として，子どもは書くことが嫌いだ，書くことが見つからない，書く力が弱い，といったことが報告されている。それは本当のことなのであろうか。子どもたちは学校作文以外のところでは結構書いているのである。子どもたちは書く必要，理由があればいくらでも書く。仲間同士の意志の伝え合いは彼らにとって死活問題である。班ノートや交換日記などに驚くほど本音で書くのはそのためである。子どもたちは書くことがないわけではない。書くことが嫌なのでもない。書く力がないわけでもない。子どもたちが書きたいと思っていることを私たちが書かせていないだけなのである。子どもたちが書く必要や理由を納得できるような形で作文を書く場を与えてやっていないのである。

　かつての作文指導では，子どもに「本当のことをありのまま」に書かせようとしてきた。子どもたちには厳しい生活現実がある。なかなか「本当のこと」を「ありのまま」に書けるものではない。「本当のことをありのままに書け」というのは，教師の安易で身勝手な強制である。子どもの本音や真実は，子ど

もの何気ない一言や表情から教師が看取ってやるべきものである。作文の学習で無理に子どもの本音や真実を書くことを要求するからかえって子どもはそれが書けなくなり，書こうともしなくなるのである。

　作文チャンネルの切り替えが必要である。本当のことでなく，〈ウソ〉のことを書かせるのである。題材を子どもの日常生活からのみ取らせるのでなく，時には現実にはありえない空想や想像の世界のなかから取らせるのである。現実にはありえないといっても，それは人間の頭のなかでつくり出されたものである。そこには，子どもの日常生活の現実が形を変えて描き出されてくるものである。わざわざ「生活をリアル」に描かせなくても，空想・想像したことのなかに子どもの本音や真実が描き出されてくるはずである。〈ウソ〉のなかの真実，虚構の真実である。

（2）　空想・想像的題材の開拓

　このような考え方を実践を通して自覚的に実証してきた優れた作文教師も少なからずいる。平野彧著『新題材による作文指導』（明治図書，1977年）には，「未経験のこと，想像したことも書かせよう」という提案のなかに，「たのしい絵ばなし」「ぼくのゆめ，わたしの夢」「お話のあとをつづけて」「実生活をもとにしたつづき話」「結びの文に合わせて」「絵地図によるお話つくり」「○月○日のぼく」「話題の人，○○さんをたずねて」といった興味深い題材に基づく豊かな実践が報告されている。平野の実践は小学生の自由奔放な空想や想像を生かして，その表現意欲を引き出すことに成功している。

　青木幹勇の提唱になる「変身作文」[1] では，読みの教材の「ストーリーをなぞる」形を取らせて，子どもの想像力や表現力の底を正しく推し量って無理のない形で想像的な作文活動をさせている。青木は『子どもが甦る詩と作文─自由な想像＝虚構＝表現─』（国土社，1996年）のなかで，今日の子どもたちの生活意識，生活環境の変化を指摘し，明治末年以来，綴り方・作文教育実践の主流となってきた「リアル作文へのこだわり」から離れ，「虚構の作文」へと子どもを誘ってみてはどうかと提案している。青木は，この本のなかで「虚構の詩を書く」，「物語を読んで物語を書く」，「漫画をネタにフィクションを書く」，

「短歌を読んで物語を書く」,「物語を読んで俳句を作る」といった,従来の作文観・題材観を一変させるような実践を紹介している。

これからの作文指導には,このような作文題材の新生面の開拓が求められる。

3 作文の指導過程を柔軟に構想する

(1) 指導過程の形式化・固定化を打破する

かつて,作文の指導は「取材,構想(構成),記述,推敲」といった段階を踏んでおこなわれることが常識であった。たしかにこれらの段階は,いずれも文章表現活動には欠かすことのできない要素である。しかし,こうした段階は本来,大人の社会における文章制作の一般的なプロセスであった。そこで制作される文章は,公の場に発表されることを前提としたひとまとまりの作品であることがほとんどである。しかもそれらの作品は作家の書く小説であったり,科学者の書く論文であったりした。こうした文章を書く一般的な手順として,「取材,構想(構成),記述,推敲」といった段階が作家や評論家の書いた文章作法書などにおいて紹介されてきたのである。いわば大人の側からの,しかも一部の文筆家の発想が長い間,学校教育における作文学習の指導過程として踏襲されてきたのである。作文の指導過程が大人の側からの考え方に基づいて形式化・固定化されてきてしまったのである。

このような指導過程の形式化・固定化は作文の指導にさまざまな問題をひき起こしている。たとえば,記述前の指導と称して周到な取材用紙や構想(構成)用紙を用いた指導がおこなわれる。その手順と方法はいかにも懇切丁寧である。しかし,いざ原稿用紙にまとめる段になって子どもの方に疲れが見えたりする。準備段階の作業で児童生徒の方が活動に疲れてしまうのである。文章制作への入念な準備作業が逆に子どもの作文学習意欲の減退を招いてしまっている。作文の苦手な児童生徒の場合,こうした学習プリントを埋めていく作業自体が苦痛となっていることを理解してやる必要があろう。

(2) 児童生徒の思考・心理に即した指導過程の構想

作文の指導過程は,単元の指導過程,一単位時間の指導過程によっても異な

ってくるのはいうまでもないことである。また，文章を書かせるからといって，いつでもひとまとまりの文章を書かせるとは限らない。取材指導だけを取り立ててておこなう場合もあれば，推敲指導だけで作文の指導を終わる場合があってもよいのである。それらは指導のめあてによって一様ではない。そう考えれば，突きつめると，指導のめあて，学級の児童生徒の実態に応じて，指導過程は一様ではないことになる。だからこそ，児童生徒の思考・心理に即した柔軟な指導過程をつくり出していかなければならないのである。

　そのためにも，従来からおこなわれてきたような長時間に及ぶ作品制作的作文，作文法的作文に偏ることなく，多様な作文活動を保障するための指導過程をつくり出していくことが必要となる。そうすることで，従来の画一的で固定的な指導過程から抜け出し，児童生徒の作文学習に対する興味や関心を高め，思考の集中の度合いを高めていくことが可能となるのである。

4　書くことの必然性を実感できる指導法の開拓

　以下に紹介する指導法は，これまで述べてきた考え方を実践的に裏づけるために，かつて筆者が提唱し教育現場で実践されてきたものである。

（1）「書き足し・書き替え作文」の授業

　この作文指導法は，筆者が主宰していた研究会で取り組んだ実践である[(2)]。この実践研究の主な足場となったのが先に紹介した青木幹勇の提唱になる「第三の書く」の理論と実践であった。詳しくはこの書に譲るが，「書き足し」や「書き替え」という書く活動には共に，作文のジャンル（＝文章の種類）と題材に工夫が凝らされている。特に，「書き替え」という手法には詩歌を散文化したり，説明文を会話文に書き替えたりといったジャンルの変換が加えられている。これによって，児童生徒の作文活動に変化が生じ，彼等の目先も変わり，表現の変換による思考の屈折によって思考の集中が促され授業が活性化されることになる。

　また，この作文活動では，すでに「書き足し・書き替え」のための原文が存在する。つまり，題材を子どもの日常生活とか過去の体験のなかに求める必要

がない。だから，書くことが見つからないという心配がなくなる。無から有を生じさせる活動とは異なる点で，従来の作品制作的な作文活動とは性格を異にする。作文の苦手な子ども，作文力の低い子どもの場合でも，ある程度要領がわかれば書くことにさほどの困難はない。

　具体的な実践例で見てみよう。「ぼくもわたしもシナリオライター」（小３）という実践がある。「モチモチの木」（斎藤隆介）という物語教材をシナリオに書き替えるという趣向である。物語のなかの書き替えたい部分を視写する活動の後にグループでシナリオづくりに取り組ませている。もちろん，完成したシナリオを使って劇の発表会にまでつなげていくわけである。

　「ダニとタンポポの対談　どちらが優れた指標生物？」（中１）という実践がある。「自然の小さな診断役」（青木淳一）という説明文の内容を「鉛筆対談」形式の会話文に書き替えさせるという趣向である。また，「How To トレーニング―わたしもきょうから名コーチ」（中２）という実践もある。「トレーニングの適量」（正木健雄）という説明文の内容を，「トレーニングコーチ」になったつもりで教師からの質問に答えるという形で書かせるという趣向が取られている。

（２）「コピー作文」の授業

　「コピー」とは広告文・宣伝文のことである。この広告文・宣伝文としての「コピー」の表現を学校作文の新しいジャンルとして位置づけようとする提案をおこなったのである。筆者がこの提案を最初におこなったのは「説得するために書く作文の授業づくり―宣伝文・広告文（コピー）づくり―」（大内善一『思考を鍛える作文授業づくり』明治図書，1994年）の論考においてであった。その後，大内善一編著として『コピー作文がおもしろい』（学事出版，1997年），『コピー作文の授業―新題材39の開発』（『実践国語研究』別冊180号，明治図書，1998年）において多くの実践事例に基づく提案をおこなっている。

　広告・宣伝コピーの表現のことを波多野完治は，「一定のスペース，一定の時間，一定の枠や条件のもとでの最大効果をめざす文学」であると指摘している。また，Ｓ・Ｉ・ハヤカワも『思考と行動における言語』（岩波書店，1985年）

のなかで「詩と広告」との共通点について論じながら，両者の最も大切な類似点として「日常の経験の細目に特別の意味づけをしようとする点」をあげている。広告・宣伝コピーは現代表現の最前線であり，表現の宝庫でもある。このような広告・宣伝コピーを学校作文のジャンルに取り入れない手はないであろう。コピー作文の授業で子どもと教師が共にしなやかな感性，豊かな創造性を培っていきたいという意図を込めた提案である。

　具体的な実践例で見てみよう。「おしえてあげるよ　ぼくのおすすめばんぐみ」（小1）という実践がある。子どもたちに好きなテレビ番組の主人公に変身させ，その番組のおもしろいところを紹介する宣伝文を書かせるという趣向である。「百点まん点の本を教えてあげる」（小2）という実践がある。お気に入りの本をコピー作文で紹介するという趣向である。たとえば，「もも太郎」の絵本を「ゆう気百点まん点の本」というキャッチコピーで表し，「ここがおすすめ，この本を読むと，①もも太郎の強さとやさしさがわかります。②きびだんごのパワーがほしくなります。③いじめっこにもまけないゆう気が出てきます。」といったボディコピーを添えて勧めるというものである。「ボコボコジャガイモ　大変身！―『料理の凡人』はコピーも作る―」（小6）という実践がある。家庭科の調理実習にコピー作文を組み合わせたものである。「料理の鉄人・6年2組バージョン」という調理実習の前にグループごとにコピー作文をつくらせて，自分たちのグループの料理したものを他のグループの人たちが試食に来てくれるように宣伝するという趣向である。

（3）「双方向型作文学習」の授業

　「双方向型作文学習」[3]とは，当該の作文学習時間内に学習者同士が書き手と読み手となり，その立場を入れ替わりながら文字通りに「伝え合う」という活動をおこなっていく学習である。もちろん，書き手と読み手の立場を入れ替えるのは単一時間内でなくともよい。複数の時間にまたがっても差し支えない。

　学習の場にはせっかく多くの児童生徒が机を並べているのである。この子どもたちに書き言葉で「伝え合う」という作文学習を可能にするために考えられたのがこの双方向型作文学習なのである。これまでの個別的で孤独な活動にな

りがちであった作文学習を学級のなかでお互いに書き合い読み合えるようなものに変えるための方式である。これからの作文学習では，単に相手意識や目的意識を持たせるだけでも不十分である。せっかく相手・目的を意識して書いても苦労して書いたことが相手にどのように読んでもらえたのかが結局確かめられずに終わっていたのではその苦労が報われない。次の書くことの学習にもつながっていかない。それを身近にいるクラスの仲間にその場で読んでもらえるような手立てを講じようとするのがこの双方向型作文学習である。

　上に掲げた大内著[4]のなかで取り上げている具体的な実践例で見てみよう。

　「物語の登場人物に成り代わって〈往復書簡〉を書く」，「説明文を〈インタビュー〉形式で書き替える」，「料理番組のシェフと視聴者が伝え合う」，「『恋文』を介して『お断りの返事』と再プロポーズの〈手紙〉のやりとりをする」といった実践がある。また，「連詩」づくりの実践で「想像の翼を広げて共同で詩を創ろう」，「連句」づくりによる実践，「説得劇」づくりによる実践，グループの共同制作で「物語」づくりをおこなわせる実践など，工夫次第でさまざまな双方向型の作文学習をつくり出すことができるのである。詳しくは上掲の拙著を参照してもらえれば幸いである。　　　　　　　　　　〔大内　善一〕

注
（1）　青木幹勇『第三の書く―読むために書く書くために読む―』国土社，1996年。
（2）　大内善一編著『書き足し・書き替え作文の授業づくり』『実践国語研究』別冊156号，明治図書，1995年。
（3）　大内善一『「伝え合う力」を育てる双方向作文型学習の創造』明治図書，2001年。
（4）　同上書。

参考文献
大内善一『国語科授業改革への実践的提言』溪水社，2012年。「書くこと」の授業づくりの方法と課題，想像的・創造的な表現能力の育成，「詩や短歌，俳句，物語や随筆」等の創作文指導について具体的に述べている。
大内善一『作文授業づくりの到達点と課題』東京書籍，1996年。作文授業改善の糸口を取り出すため昭和40年代以降の実践事例に検討を加え到達点と課題とを明らかにしている。

第５節　言葉の特徴や使い方・情報の扱い方

1　新学習指導要領における〔知識及び技能〕の内容

　2017年告示の学習指導要領における国語科の内容は，〔知識及び技能〕と〔思考力，判断力，表現力〕から構成されている。この節では，〔知識及び技能〕を扱う。〔知識及び技能〕は以下の三つから構成されている。

（1）言葉の特徴や使い方に関する事項

（2）情報の扱い方に関する事項

（3）我が国の言語文化に関する事項

　上記の三つは，従来の学習指導要領では「伝統的な言語文化と国語の特質に関する事項」と呼ばれていたものが再編されたものである。

　本節では上記の三つのうち，前半では「（1）言葉の特徴や使い方に関する事項」を，後半では「（2）情報の扱い方に関する事項」をそれぞれ扱うこととする。

　なお，本節では「（3）我が国の言語文化に関する事項」については扱わない。第２章６節の「古典」を参照して欲しい。

2　言葉の特徴や使い方に関する事項

　「言葉の特徴や使い方に関する事項」は，「言葉の働き」，「話し言葉と書き言葉」，「漢字」，「語彙」，「文や文章」，「言葉遣い」，「表現の技法」，「音読，朗読」というおよそ８項目に分けて整理され，小学校第１学年および第２学年から，中学校第３学年まで系統的に示されている。

　　８項目すべてについて，その指導法を詳細に解説することは難しいため，ここでは漢字指導，語句指導・語彙指導，文法指導の３点にしぼって解説していくこととする。その他の項目については，『小学校学習指導要領解説 国語編』『中学校学習指導要領解説 国語編』などを参照すること[1]。

（1）漢字指導

　まず，小学校における漢字指導でおさえておきたいのは，小学校学習指導要領では「当該学年の前の学年までに配当されている漢字を書き，文や文章の中で使うとともに，当該学年に配当されている漢字を漸次書き，文や文章の中で使うこと」とされているということである。これは，1998年に告示された学習指導要領で示されたもので，読みよりも書きの方が習得に時間がかかるという実態に基づいている。さらにいえば，PCやスマートフォンでの漢字使用は，読みを入力して漢字を「選ぶ」ということ，つまり読めれば選べるという実態を反映しているともいえる。

　次に，2017年に告示された新学習指導要領では，戦後継続して変動がなかった学年別漢字配当表（1,006字）の第4学年に都道府県名に用いる漢字20字が追加され，1,026字になったことをおさえておきたい。これは社会科において，第4学年で都道府県について学習することに連動した措置である。

第4学年	第4学年に新規追加	茨，媛，岡，潟，岐，熊，香，佐，埼，崎，滋，鹿，縄，井，沖，栃，奈，梨，阪，阜
	第5学年→第4学年	賀，群，徳，富
	第6学年→第4学年	城
第5学年	第4学年→第5学年	囲，紀，喜，救，型，航，告，殺，士，史，象，賞，貯，停，堂，得，毒，費，粉，脈，歴
第6学年	第4学年→第6学年	胃，腸
	第5学年→第6学年	恩，券，承，舌，銭，退，敵，俵，預

　この配当学年の変更に伴う各学年の字数およびその増減は次のとおりである。

	第1学年	第2学年	第3学年	第4学年	第5学年	第6学年	計
2008年	80字	160字	200字	200字	185字	181字	1,006字
2017年	80字	160字	200字	202字	193字	191字	1,026字
増減	0	0	0	+2	+8	+10	+20

　なお，中学校については，「小学校学習指導要領第2章第1節国語の学年別漢字配当表（以下，「学年別漢字配当表」という。）に示されている漢字1,026字に加え，中学校修了までに学年別漢字配当表以外の常用漢字の大体を読むこと」

であり，大きな変更はない。

（2）語句指導・語彙指導

学習指導要領の語句指導・語彙指導については，小学校・中学校ともに「語句の量を増やすこと」と「語句についての理解を深めること」の二つの内容で構成されている。

まず，「語句の量を増やす」指導から考えてみよう。小学校第1学年及び第2学年の「身近なことを表す語句」から，中学校第2学年の「抽象的な概念を表す語句」まで，段階的・系統的に語句の量を増やすという目安が示されている。しかし，語彙の拡充においては，文脈から切り離された語句を提示・解説するような方法で身についていくわけではない。

日本語母語話者である児童・生徒の語彙の獲得は，概念そのものの獲得と並行に進んでいく。すなわち，聞く・読むなどのインプットにより文脈や状況に応じた日本語のシャワーを浴びることで語彙が拡充していくのである。とりわけ，読むことに関しては，個々人で相当にその経験に差があるため，読書量が語彙量に大きな影響を与えることは言うまでもない。したがって，語彙指導の重視において，まず力を入れるべきは読書指導である。多様かつ大量の読書経験こそが，児童・生徒の語彙の拡充を支えるのである。もちろん，聞くことにおけるインプットも重要であり，特に同学年同士でのやりとりだけではなく，異学年や異校種，さらには広く社会に生きる多様な人々と話したり聞いたりすることも，多様な語彙の獲得に貢献する。

そして，読むことや聞くことによってインプットされた語彙は，話す・書くなどの表現活動により定着していくこととなる。語彙の真の定着は，理解するだけではなく，表現として使いこなせる段階になってこそ達成できたとみるべきである。理解した言葉を使って，話したり書いたりする活動を授業のなかに積極的に組み込んでいくことで，語彙指導は完成へと近づいていくわけである。「理解しただけ」の語彙は絵に描いた餅に等しい。

次に「語句についての理解を深める」指導についても考えてみよう。小学校第1学年及び第2学年では「意味による語句のまとまりがあることに気付く」

とされ，たとえば上位カテゴリや下位カテゴリといった語の階層性（例：動物
→犬・猫・ライオンなど）などを扱う。これが中学校になると第1学年の「語
句の辞書的な意味と文脈上の意味との関係」や，第3学年の「和語，漢語，外
来語」など，日本語に関する言語知識的な側面の学習が色濃くなってくる。

　そもそも，こうした日本語に関する言語知識は，メタ言語知識である。日本
語の語彙体系がどのように成り立っているかを，メタ的に理解することによっ
て，単体で散漫に積み重ねられた語句の知識が，体系だった言語知識へと変容
していくことを助けるのである。したがって，「語句についての理解を深める」
指導では，間違っても用語の丸暗記など，テクニカルな側面にばかり注目した
指導は避けなければならない。こうしたメタ言語知識が，たとえば語句を理解
する際の知識の整頓に役立ったり，表現の際に類義表現など多様な発想に役立
ったりすることを実感させるために，「語句についての理解を深める」指導は
存在するのである。

（3）文法指導

　「文や文章」の指導については，小学校第1学年及び第2学年は主語と述語
の関係に重点を置いた文の構成に関わる内容，第3学年以降は文に関わる内容
と話や文章に関わる内容で構成されている。

　むしろ，「文や文章の指導」に関しては，中学校で集中的に取り扱われる。
第1学年で単語の類別，第2学年では単語の活用，助詞や助動詞のなどの働き，
文の成分の順序や照応など文の構成について扱われる。また，小学校に引き続
き話や文章の構成についても，第1学年で指示する語句を扱うなど引き続き指
導事項が並んでいる。

　小学校及び中学校の文法指導については，主に二つの側面がある。一つは無
意識に使っている母語である日本語の仕組みについて気づくことである。たと
えば，主語と述語の関係という概念は，メタ言語的な知識であり，それを知っ
たことが直接に言語運用の向上などに反映されるわけではない。しかし，主語
や述語を欠く文では，相手への伝達効率が損なわれるという点を意識化するこ
とは，言語運用の向上に資する可能性があるといえる。語彙指導と同じく「母

語である日本語に対する気づき」が，言語運用の向上などに役立つように仕向けることが重要であり，とりわけ小学校における文法指導についてはこの側面を強く意識すべきある。

　そして，文法指導におけるもう一つの側面は，高等学校で扱われる古典における文法指導との連動である。中学校で扱われる単語の類別や単語の活用，助詞助動詞などの働きについては，どうしても暗記中心の用語理解に偏りがちになることは避けがたく，「母語である日本語に対する気づき」にはつながりにくい。したがって，品詞分類や活用といった典型的な文法用語の指導に当たっては，高等学校の古典における文法指導へのつながりを見据えた指導を心がけることが現実的であるといえる。逆に言えば，高等学校における古典の扱いが変わるときこそが，中学校における文法指導の大きな変革の契機となる可能性がある。

　もう一つ，「話や文章の構成」について小学校および中学校で注目されるようになってきているという傾向も見逃せない。これまで文法指導といえば，文に関する指導が主であったが，アメリカにおけるパラグラフ・ライティングからの影響もあり，心情を中心として書き綴る作文ではなく，読み手と構成を意識した日本語ライティングの重要性が注目されていることが大きい[2]。この点については，次節の「情報の扱い方に関する事項」とも深く関係してくる。

3　情報の扱い方に関する事項

　情報化が進展する社会においては，情報のもつ価値，情報を整理したり取り出したりする力のもつ価値がますます高まっている。また，情報化社会の進展が，一般人からも広く情報を発信することを容易にしたことで，情報への接し方という構造が大きく変容してきている。

　一方で，小学校および中学校学習指導要領解説においては，中央教育審議会答申による「教科書の文章を読み解けていないとの調査結果もあるところであり，文章で表された情報を的確に理解し，自分の考えの形成に生かしていけるようにすることは喫緊の課題である」という指摘を取り上げている。情報の扱

い方に関して，児童・生徒の間に大きな格差が生じているという現状があり，その対策はまさに喫緊の課題であるといえよう。

　こうした背景を踏まえ，「知識及び技能」のなかに「情報の扱い方に関する事項」が新設された。この事項は，アの「情報と情報との関係」と，イの「情報の整理」の二つの内容で構成されている。

（1）情報と情報との関係

　PISA型「読解力」が与えた影響もあり，国語科における「読解力」の対象として，文や文章だけではなく，非連続型テキスト（図やグラフなど）も含めて「情報」というとらえ方がされるようになったのは大きな進歩である。

　学習指導要領の各領域における「思考力，判断力，表現力等」を育成するうえでは，理解においても表現においても，情報と情報との関係を明確にとらえることが不可欠である。小学校第1学年及び第2学年では「共通，相違，事柄の順序」，第3学年及び第4学年では「考えと理由や事例との区別」，第5学年及び第6学年では「原因と結果」といった項目が，情報と情報との関係の内容として挙げられている。いずれも論理構成という観点から考えると，極めて重要な項目である。こうした項目を体系立って示したことにより，文章を情報構造として読み解くという見方を提供したといえる。とりわけ，説明的文章の読解においては，指導者はこうした項目を強く意識していく必要があるだろう。

　中学校においても「原因と結果」「意見と根拠」「具体と抽象」といった項目を3学年に渡って示している。「原因と結果」については，小学校第6学年の項目を引き継いでおり，情報と情報との関係という内容について，小中一貫カリキュラムという視点が示されているといえる。

　中学校では，理解だけではなく表現という点で，論理的な文章を書くために，「原因と結果」「意見と根拠」「具体と抽象」という三つの項目を意識させる必要があるだろう。どこまでが意見で，どこが根拠なのかを明確に意識させて書かせることの重要性や，具体から抽象へ，そしてまた抽象から具体へといった表現の方法を身につけることは，日本語ライティングはもとより，英語ライティングにおいても有用であることは間違いない。

（2）情報の整理

　次に情報の整理に関する事項を取り上げる。ここでは，情報を取り出したり活用したりする際におこなう整理の仕方やそのための具体的な手段について示している。

　小学校においては，第3学年第4学年から始まり，「比較や分類の仕方」「必要な語句などの書き留め方（メモ）」「引用の仕方や出典の示し方」「辞書や辞典の使い方」，第5学年及び第6学年で「情報と情報との関係付けの仕方」「図などによる語句と語句との関係の表し方」を扱っている。第3学年及び第4学年では，主に形式的な操作から情報という抽象的な存在に触れさせようという狙いが見える。したがって，情報の整理については，主に第5学年及び第6学年から扱いが始まるという考え方もできるだろう。「図などによる語句と語句との関係の表し方」については，マインドマップなどにつなげていく端緒となるだろう[3]。注目しておきたい。

　中学校においては，第1学年で「比較や分類，関係づけなどの情報の整理の仕方」，第2学年で「情報と情報との関係の様々な表し方」，第3学年で「情報の信頼性の確かめ方」と，さらに情報の整理の方法について踏み込んだ内容となっている。とりわけ，第3学年で扱われる「情報の信頼性の確かめ方」については，重要な項目である。たとえば，インターネットは情報の海であるが，その情報は必ずしも正しいとは限らない。とりわけ健康に関する情報は，安易に信じて実行することで，思わぬ被害を受けることもある。国語科において「情報の信頼性の確かめ方」を扱うことは，情報化社会の現在において極めて重要である。

　また，学習指導要領では明記されていないが，インターネットに関していえば，情報発信についても留意したい。SNSなどで誰もが手軽に情報発信ができる時代となり，中高生の好奇心による情報発信によるいわゆる「炎上」事件もあとを絶たない。一度，インターネット上に発信された情報を完全に撤回・回収することはほぼ不可能であり，当該生徒のその後の行き方にすら大きな影響を及ぼしてしまう可能性がある。国語科の「情報の扱い方に関する事項」に

おいて，インターネットにおける情報発信の特性や危険性については，ぜひ触
れておきたいところである。　　　　　　　　　　　　　　　　　　〔森　篤嗣〕

注
（1）　文部科学省『小学校学習指導要領解説 国語編』2017年，文部科学省『中学校学習
　　　指導要領解説 国語編』2017年。
（2）　田中真理・阿部新『Good Writingへのパスポート―読み手と構成を意識した日本
　　　語ライティング』くろしお出版，2014年。
（3）　トニー・ブザン（監修）『できる子はノートがちがう！―親子ではじめるマインド
　　　マップ』小学館，2008年。

参考文献
井上一郎『語彙力の発達とその育成―国語科学習基本語彙選定の視座から』明治図書，
　　2001年。国語科学習基本語彙の詳細な資料を公開している。
渋谷孝『国語科教育はなぜ言葉の教育になり切れなかったのか』明治図書，2008年。言語
　　に関する知識と国語科教育の領域の関係を批判的に検討している。
塚田泰彦・池上孝治『語彙指導の革新と実践的課題』明治図書，1998年。日本の語彙指導
　　を文献資料で裏づけ，そのうえで著者たちの基本的な考えを提案している。
西林克彦『「わかる」のしくみ―「わかったつもり」からの脱出』新曜社，1997年。文章
　　理解における情報の扱い方を，改めて考え直す機会を与えてくれる。
バトラー後藤裕子『学習言語とは何か―教科学習に必要な言語能力』三省堂，2011年。ア
　　メリカにおける学習言語に関する研究が詳細に紹介されており参考になる。

第6節 古 典

1 学習指導要領の古典重視とその問題点

2017年版学習指導要領では，2008年版学習指導要領に引き続き古典を小学校段階から積極的に取り入れることを掲げている。2017年版学習指導要領の古典教育に関わる「我が国の言語文化」の主な所を見てみる。

小学校 〔第1学年及び第2学年〕　　　　　　　　　　　　　　　　（下線引用者）

ア　昔話や神話・伝承などの読み聞かせを聞くなどして，我が国の伝統的な言語文化に親しむこと。

小学校 〔第3学年及び第4学年〕

ア　易しい文語調の短歌や俳句を音読したり暗唱したりするなどして，言葉の響きやリズムに親しむこと。

小学校 〔第5学年及び第6学年〕

ア　親しみやすい古文や漢文，近代以降の文語調の文章を音読するなどして，言葉の響きやリズムに親しむこと。

イ　古典について解説した文章を読んだり作品の内容の大体を知ったりすることを通して，昔の人のものの見方や感じ方を知ること。

中学校 〔第1学年〕

ア　音読に必要な文語のきまりや訓読の仕方を知り，古文や漢文を音読し，古典特有のリズムを通して，古典の世界に親しむこと。

イ　古典には様々な種類の作品があることを知ること。

中学校 〔第2学年〕

ア　作品の特徴を生かして朗読するなどして，古典の世界に親しむこと。

イ　現代語訳や語注などを手掛かりに作品を読むことを通して，古典に表れたものの見方や考え方を知ること。

中学校 〔第3学年〕

ア　歴史的背景などに注意して古典を読むことを通して，その世界に親しむこと。

イ　長く親しまれている言葉や古典の一節を引用するなどして使うこと。

2017年版学習指導要領も，音読・朗読などは強調するが，古典でどのような力をつけていくのかは述べていない。「昔の人のものの見方や感じ方を知ること」「古典の世界に親しむこと」と，古典との出会いは述べられるが，子どもたちにとって古典を学ぶ意味がどこにあるのかは見えてこない。

2017年版学習指導要領も，「伝統と文化を尊重し，それらをはぐくんできた我が国と郷土を愛する」（教育基本法）ことを古典教育のねらいとしている。しかし，その示すところは，かえってそのねらいに反する結果をも生み出しかねない危険性がある。古典が，子どもたちにとって魅力的なものとならないおそれを多分にもっているからである。

2　古典教育は何をめざすか

古典教育においては，教師と子どもの間に圧倒的な知識量の差がある。子どもは言葉の意味も，文法も，また読み方さえもわからない。教師は，読みを教え，意味調べをさせ，説明していく。意味や文法，口語訳，加えて教師による時代背景や作品解説……。そのような授業では，子どもの主体的な参加は保障されない。教師の指示を待ち，与えられる知識を受け取るだけの受身的な授業にしかならない。

古典教育は，国語科教育の一分野であり，日本語を教えていくという大きな枠組みのなかでとらえるべきである。現代日本語との，そして現代との関わりを大切にしながら，子どもの日本語（母語）の知識・能力を高め，論理的思考力・認識力を発達させていく，古典教育をそのようにとらえることで，子どもたちにとって古典を学ぶ意味もより明解なものとなる。

古典教育は，これまでこのような観点で取り組まれてこなかった。特に高校では「古典」はあたかも別の言語を習うかのように教えられ，文法事項を「たたき込む」ような教え方がされてきた面がある。中学校では，古典は難しいからということで，全訳が付いたものを合わせ用いたり，音読・暗唱に終始したりと，その魅力が十分に伝えられないままにきたところがある。

現代日本語の力は，古典を通しても鍛えられる。文語と口語は，切り離され

たまったく別の言葉ではない。だからこそ，古典も子どもたちの日本語の力を
鍛え育んでいく。そして古典を学ぶことは，母語である日本語をとらえ直すこ
とであり，日本の文化のあり様を見直し，再発見することにもなるのである。

3　日本語の力を鍛える古典教育

（1）　音読・暗唱の有効性とその限界

　寺子屋の素読を例にあげるまでもなく，音読は古くから実践されてきた読み
の力を鍛える有効な方法の一つである。音読できるということは，文章をある
意味のまとまりとしてとらえることができることである。また，外に声を出す
ことで，自分の読みを外在化し，自分の読みを対象化してとらえることにもな
る。さらに，発声の訓練にもなる。

　音読は，子どもの読みの力を鍛える。しかし，音読の力はあくまでも表層の
段階の読みである。文章の背後に隠された意味を読み取る，深層の読みの力と
はなっていかない。音読や暗誦を大事にすることは，それを絶対視することで
はない。その有効性と限界性をきちんとみすえて取り組むことが大切なのであ
る。

　小学校低・中学年においては，古典作品の音読や暗唱を中心に進めていけば
よい。言葉の読みを覚えたり，リズムや音の響きを楽しみながら音読・暗唱し
ていく。高学年になるに従って，意味や内容理解を伴ったものにしていく。音
読・暗唱それ自体の楽しさから入りつつ，高学年になるに従って内容理解を伴
ったものにしていくのである。音読・暗唱している文章の意味が理解できる。
さらには，それがもつリズムや音の響きのおもしろさが，どのようにして作ら
れているかもわかっていく。言い換えれば知的理解を伴った音読・暗唱へと発
展させていくのである。そうなっていくことで，音読・暗唱の有効性は大きく
高まるのである。

（2）　一つ一つの表現にこだわって読む

　日本語の力を鍛える古典教育を進めようとするならば，古典作品の一つ一つ
の表現にこだわっていくことである。一語一文にこだわることは，品詞分解や

逐語訳をしていくことではない。口語訳を目的としてしまうと，文章の表面的な意味がわかって終わりの，魅力のない古典にしかならない。表現にこだわるとは，その文章の核心となる表現を読み取ることでなくてはならない。

　例えば，『竹取物語』において，翁は「竹取の翁といふ者」と表現され，「かぐや姫」は「三寸ばかりなる人」と表現されている。「者」と「人」，ほとんど変わらない表現に見えるが，そこに着目することで語り手が翁とかぐや姫の関係をどのように描こうとしているのかが見えてくる。

　原文で読むことは一定のむずかしさを伴う。必要なところは教師が補ったり，傍注をつけたりしていけばよい。できる限り原文を大事にし，原文のもつ言葉の違いや表現の工夫に着目していくのである。そうすることで，言葉を読むおもしろさや楽しさが生まれ，日本語の力も鍛えられていく。

（3）　読みの方法を教える古典教育

　どのように読むのかという読み方を，古典教育においても大切にすべきである。国語科教育においては，何を教えるのか，どのような力を子どもたちにつけるのかを曖昧にしたまま，授業も教師によってさまざまであったりということも珍しいことではない。国語科教育は，ともすれば感性を育てることに重きがおかれたり，人生観や世界観さらには生き方やものの見方や考え方といったことにより重点がおかれてしまう傾向がある。古典教育もその例外ではない。

　まずは，どのように読んでいくのか，どのように言葉にこだわっていくのかが教えられていく必要がある。古典教育も国語科教育の一つである以上，そのような読み方教育が追求されなくてはならない。

　たとえば，『源氏物語』の冒頭を教えるとき，物語の冒頭とはどのようなものか，どう読むのかをあわせて教える。小説の冒頭の着目の指標として，〈時・場・人物・事件設定〉の四つを教える。「いづれの御時にか」は，時代をぼかしながらも「御時」と表現することで天皇の支配した時代を示している。加えて，『竹取物語』や『伊勢物語』の「今は昔〜」「昔〜」といった語り出しとは異なる形になっていることにも着目させたい。「女御・更衣」で後宮が物語の場として示される。「いとやむごとなききはにはあらぬが，すぐれて時め

きたまふ」と人物を紹介し，それがそのまま重要な事件設定となっている。桐壺更衣が「いとやむごとなき」身分の出であればさしたる事件も起こらなかったであろう。また彼女が「すぐれて時め」くことがなかったとしたら，これはこれで問題はなかった。「いとやむごとなききはにはあらぬが，すぐれて時めきたまふ」がゆえに，「めざましきものにおとしめ，そね」まれるのであり，下臈の更衣たちからは「やすからず」思われるのである。このように見ていけば，帝と桐壺更衣の二人の愛の行く末に明るさはないことが読めてくる。物語の読み方を教えることで，物語の世界を読み取っていくのである。そうすることで，古典は子どもたちにとってより興味深いものとなっていく。

4　実践にむけて　その1──『竹取物語』冒頭

　『竹取物語』冒頭において，翁は「竹取の翁といふ者」と表現され，「かぐや姫」は「三寸ばかりなる人」と表現されている。「者」と「人」，一見ほとんど同じように見える言葉である。しかし，似ている言葉だから，どちらを使っても大差ない，と考えてしまうと読みは深まらない。同じことを指すのに，二つの言葉があるとすれば，なぜそこに二つの言葉があるのか，その意味こそ考えられなくてはならない。
　たとえば，次の（　　）に「人」か「者」のどちらかを入れるとすれば，どちらをいれるだろうか？

> A　熱のある（　　）は申し出てください
> B　熱のある（　　）は申し出よ

Aには「〜ください」という丁寧な言い方との関わりで「人」が入る。Bの「〜出よ」という命令調の言い方には，「者」の方がふさわしい。今の私たちの「者」と「人」の語感と，『竹取物語』の時代の語感はほとんどずれていない。
　古語辞典には，「者」について次のように説明されている。

> 社会で一人前の人格的存在であることを表現するヒト（人）に対して，ヒト以下
> の存在であるモノ（物）として蔑視あるいは卑下した場合に多く使う表現
>
> （『岩波古語辞典・補訂版』1990）

　「者」という言葉は，「人」よりも一段低くみた言葉である。「者」と「人」，
一見ほとんど同じような言葉であるが，その違いにこだわることで，「竹取の
翁」と「三寸ばかりなる人」，その二人の人物をどのように語り手が描こうと
しているかが見えてくるのである。

　語り手は，翁よりも「かぐや姫」の方を身分が上のものとして語っている。
それゆえ，その後の翁の言葉において「我朝ごと夕ごとに見る竹の中におはす
るにて知りぬ。子になりたまふべき人なめり」と敬語が用いられるのである。

　「者」と「人」という似ていることばに着目し，その差異を読むことで，語
り手が翁とかぐや姫の関係をどのようなものとして描こうとしているかが見え
てくる。そしてそれは，古典だけではなく現代の文章においても用いることの
できる，有効な読みの方法でもある。似ている言葉の違いに着目し，その使い
方の違いから読みを深めていくのである。

5　実践にむけて　その2──『枕草子』第一段

　「春はあけぼの。やうやうしろくなりゆく山ぎは……」

　この箇所は，「春はあけぼの（いとをかし）」といった理解がしばしばなされ
る。あとに「をかし」が省略されているというのである。しかし，第一段では，
「春はあけぼの」とあるだけで，あけぼのが素晴らしいとも，よいとも述べら
れてはいない。

　「夏」以降も同様である。「夏は夜」「秋は夕暮れ」「冬はつとめて」とあるだ
けである。何の予備知識もなくいきなり「春はあけぼの」と言われたとき，私
たちはそれがいちばん素晴らしいものを提示している文と読むだろうか。省か
れる言葉や文脈がそれ以前に示されているから，省略であると理解できるので

ある。省かれている言葉が，後になってわかるような省略など存在しない。

　この第一段は，あまりにも有名であるために，清少納言が四季のすばらしさ
を述べた文章という思い込みが私たちのなかにつくられてしまっている。その
思い込みを前提に授業にのぞむと，〈『枕草子』は素晴らしいんだ〉といった教
師の手前勝手な思いを押しつける授業にしかならない。『枕草子』は素晴らし
いと教えることではなく，『枕草子』がなぜすぐれた作品であるのかが納得で
きるように，表現や作者の工夫が授業を通して教えられなくてはならない。

　続いて「やうやうしろくなりゆく山ぎは，少しあかりて，紫だちたる雲の細
くたなびきたる。」と，あけぼのの様子が説明される。「しろく」には「白く」
と「はっきりする」という「著く」の意味が掛けられている。「あかりて」に
は「赤りて（赤くなる）」と「明りて（明るくなる）」の意味が掛けられている。
「山ぎは」が夜が明けるにつれて，少しずつ白くなり，山と空との境い目も次
第にはっきりしてくる。そして，紫がかった雲が細くたなびいている。

　あけぼのの様子を述べてはいるが，それがどうだという作者自身のコメント
は何一つない。あけぼのの空の様子が述べられているだけであり，それをどう
思うかは読者にまかされている。清少納言は，自分がいいと考える景色を，読
者の前にただ提示してみせ，その判断を読者にゆだねているのである。冒頭の
一節は「春はあけぼのいとをかし」と読むのではなくて，春のあけぼのを「い
い」と読者に思わせてしまう清少納言の工夫こそ見てとるべきなのである。

　第一段は，四季について述べている。そこで取りあげているものにも工夫が
みられる。

　平安時代初期に編まれた『古今和歌集』には春夏秋冬をテーマとした巻があ
る。春の部には134首の歌が収められているが，そのうちの74首が桜を歌った
ものである。秋の部には145首が収められ，そのうちの52首が紅葉を歌ってい
る。私たちの，桜を好み，紅葉を愛でる気持ちは，千年以上昔に源をもつので
ある。

　また，『古今和歌集』の夏の歌は34首，冬の歌は29首ある。四季といっても
平安人は四つの季節を同じように好んだのではないことがわかる。夏と冬は平

安人にとって過ごしやすい季節ではなかったようである。そして夏ではホトトギスの歌が28首，冬では雪の歌が23首ある。つまり，夏といえばホトトギス，冬といえば雪がそれぞれの季節の代表であったのである。

　『枕草子』第一段においては，桜も紅葉も登場しない。夏のホトトギスも出てこない。ホトトギスが鳴くのは夜明け方であり，「夏は夜」という書き出しは，当然のことながら当時の読者には，ホトトギスが出てくるのではないかという予感を与えた書き出しであったはずである。春・夏・秋と三つの季節において，いずれもその季節の定番は外されている。かろうじて冬にだけ，雪を出している。それすらも，雪景色について述べているわけではない。

　清少納言は，それまでとは異なる四季の見方を提示してみせているのである。そこにもこの第一段のおもしろさが見てとれるのである。

　このように読んでいくことは，私たちにとって日本の文化のあり方をとらえ直すことでもある。これも古典を学ぶおもしろさといえる。　　　　［加藤　郁夫］

参考文献

小松英雄『古典再入門』笠間書院，2006年。古典作品の読解のあり方を示してくれる画期的な著作。小松氏の『みそひと文字の抒情詩』（笠間書院），『伊勢物語の表現を掘り起こす《あづまくだり》の起承転結』（笠間書院）をはじめとする他の著作も，古典教育を考えるうえで大いに参考になる。

藤本宗利「〈春はあけぼの〉を活かすために」『〈新しい作品論〉へ，〈新しい教材論へ〉〔古典編〕3』右文書院，2003年。『枕草子』第一段がそれまでの伝統に依拠する方向と逸脱する方向の二方向をもつことを指摘し，「伝統的発想」を鍵として古典を学ぶ意味をとらえている。

梶川信行編『おかしいぞ！国語教科書　古すぎる万葉集の読み方』笠間書院，2016年。古典嫌いが広がっている現状に危機感をもった上代文学の研究者たちが，現在の教科書や国語教育のあり方を批判的に検討した著作。教科書の『万葉集』は研究の進展を反映していないことや，『万葉集』といえば「ますらをぶり」といった常識の古さも教えてくれる。最新の研究成果を示すとともに，新たな教材の提案もなされている。

第7節 読書指導・読み聞かせ

1 読書指導でどういう力をつけるのか

　国語教育における目標の一つは，生涯にわたって日常生活のなかで読書に親しみ，読書を通して自己実現していく子どもを育てることである。私たちの社会では，子どもたちは，小学校に入学し文字を覚え「読む」ということを体験する。やがて，さまざまな授業のなかで教科書教材を読解することを学ぶ。授業のなかで，自分のなかに生起する読みと他者の読みとを交流させて，新たな自分の考えをつくっていく。しかし，教科書教材・授業という限定された場の経験だけでは，目標に到達することは難しい。そこで，授業における読みと日常における読書行為を意識的につなげていくことが必要である。この橋渡しをするのが，読書指導である。

　従来の国語科では，読むことの基礎・基本を読解指導のなかで身につければ，自然と読書ができるようになると考えていた。しかし，基礎・基本を生かす方法をより意識的に指導する必要がある。特に，与えられた文章を読むという経験からは得られない積極的な態度をどのように育てていくかが最大の課題である。

　2017年告示の学習指導要領の各学年の目標の（3）に，読書指導に関する目標が示されている（下線引用者）。

小学校 〔第1学年及び第2学年〕
言葉がもつよさを感じるとともに，<u>楽しんで読書をし</u>，国語を大切にして，思いや考えを伝え合おうとする<u>態度</u>を養う。
小学校 〔第3学年及び第4学年〕
言葉がもつよさに気付くとともに，<u>幅広く読書をし</u>，国語を大切にして，思いや考えを伝え合おうとする<u>態度</u>を養う。
小学校 〔第5学年及び第6学年〕
言葉がもつよさを認識するとともに，<u>進んで読書をし</u>，国語の大切さを自覚して，

> 　思いや考えを伝え合おうとする態度を養う。
> **中学校　〔第1学年〕**
> 言葉がもつ価値に気付くとともに，進んで読書をし，我が国の言語文化を大切に
> 　して，思いや考えを伝え合おうとする態度を養う。
> **中学校　〔第2学年〕**
> 言葉がもつ価値を認識するとともに，読書を生活に役立て，我が国の言語文化を
> 　大切にして，思いや考えを伝え合おうとする態度を養う。
> **中学校　〔第3学年〕**
> 言葉がもつ価値を認識するとともに，読書を通して自己を向上させ，我が国の言
> 　語文化に関わり，思いや考えを伝え合おうとする態度を養う。

　目標の（3）は「学びに向かう力，人間性等」を表しており，読書に向かお
うとする態度を発達段階に応じて，時間をかけて育てていく必要がある。一方，
各学年の内容としては，読書は「知識及び技能」の（3）我が国の言語文化に
位置づけられることになった。また，「思考力・判断力・表現力等」の「C読
むこと」には，読書に関係する言語活動例が掲載されている。読書の知識及び
技能を身につけさせ，教科書教材を読解することを読書に向かおうとする態度
に結びつけられるような橋渡しとしての読書指導が必要である。

2　読書指導の方法としての「読み聞かせ」

　上記のような目標を達成するためには，さまざまな指導方法が必要であるし，
段階をふまえた指導が不可欠である。ここでは，まず，学校の国語科のなかで
教師がおこなう「読み聞かせ」について，小学校低学年，中学年，高学年以降
に分けて，その位置づけと方法を論じる。

（1）　読書の入口としての「読み聞かせ」──低学年

　まずは，小学校低学年を念頭に置きながら，読書の入口としての「読み聞か
せ」について述べる。学習指導要領では，小学校第1学年及び第2学年の「言
語活動例」として，「読み聞かせを聞いたり物語などを読んだりして，内容や
感想などを伝え合ったり，演じたりする活動」をあげている。読み聞かせが読

書指導の方法として優れている点は，まず文字そのものが読めない子どもに対してもおこなえるということである。文字が読めない子どもに対しての読み聞かせは，子どもが（絵）本に興味をもつように導いていくことを第一の目的とする。すなわち，本を読むとこういう面白いことがあるんだな，ということを認識させることである。そのためには，読み手と一緒にそこに描かれている世界を楽しむことが重要である。その世界の楽しみ方として，筆者は，本や子どもによって読み方を変えることを薦める。

　たとえば，やっと文字が読めるようになったかならないかという幼い子どもに，『やねうら』（ハーウィン・オラム文，きたむらさとし絵・訳，評論社，1996年）の読み聞かせをおこなうとする。この絵本は，文章が少ない。しかし絵には実にさまざまなものが描き込まれていて，その状況を雄弁に語っている。読み手がこれを普通の速さで文章だけ読んでいっても，この絵本の面白さはほとんど伝わってこない。そこで，おそらく読み手と聞き手は，次のような会話をしながら，この絵本を楽しむことになる。

　　教　師：(本文)「おもちゃは　たくさん　あるけれど／なんだか　とっても　たいくつだ。」うわー，たくさんのおもちゃがあるね。何がある？
　　子ども：飛行機，消防車，電車……。
　　子ども：ラッパ，たいこ，ピアノ……。
　　子ども：えー，ピアノじゃないよ。
　　教　師：ピアノじゃないの？　これ，なんていうか知っている人いる？
　　子ども：アコーディオンだよ。
　　子ども：えっとねえ，それからねえ，王様に犬もいるよ。
　　教　師：どこに？
　　子ども：(指差しながら) ここ，ここ！

　このように，この絵本を通して数々の言葉が子どもたちのなかを行き来する。一人で読んだとき以上の豊富な語彙が噴出する。これが，絵本を読んでいく際に，非常に重要なことである。まず，教師と子ども，あるいは子ども同士での豊かなコミュニケーションが成り立ち，それが楽しい雰囲気を醸し出す。

　しかし，『はじめてのおつかい』（筒井頼子文，林明子絵，福音館書店，1977年）

の場合は，話の展開をもっと重視した読み方をした方がよいであろう。この絵本は，5歳のみいちゃんが赤ちゃんに飲ませる牛乳を買ってくるようにお母さんに頼まれて，初めてのおつかいに行くというものである。途中転んで，握り締めていた百円玉が転がっていったり，ようやくお店に着いて，「ぎゅうにゅうくださあい！」と叫んでも，お店の人に気づいてもらえなかったりする。子どもたちは，みいちゃんに自己を同化させ，次はどうなるか，きちんとおつかいを済ませられるか，話の展開にどきどきしながら，読み聞かせを聞く。実はこの絵本も絵が非常に丁寧に描かれており，細部に着目するのも面白いが，まずは，話の展開を大切にして，あまり途中途中に会話を入れずに，一気に読み上げたい。その後，子どもとその本についての会話をしたり，子どもの手の届くところに絵本を置き，子どもがいつでもその絵本を眺められるようにしたりしたい。

（2）　幅を広げる読み聞かせ——中学年

次に，もっと年齢が上になった場合の「読み聞かせ」を考えてみたい。小学校中学年では，読書の幅を広げるという意味で，「読み聞かせ」を用いることができる。絵本だけでなく，もっと長いものにも挑戦したい。トレリースは『読み聞かせ』のなかで，「私は，子どもには早い時期に"いくつかの章に分かれた本"を与えるべきだと思っている。つまり，本というのは必ずしも月曜日なら月曜日に読み終えてしまわなければならないというのではなく，火曜日や水曜日まで持ち越してもよいのだということをわからせるべきだと思っているのだ。そのことがわかればやがて子どもは，本というものは一生かかわりを持てるものだということがわかるはずである。」と述べている。

たとえば，『王さま，ばんざい』（寺村輝夫，理論社，1975年）には，全部で11話が収録されている。「第1話　おしゃべりなたまごやき」は，一冊の絵本としても出ていたが，『王さま，ばんざい』の読み聞かせを通して，子どもは本を読み継いでいくということを覚える。さらに，「王さまシリーズ」として何冊もの本が出ていることを知り，長く多く読むことにも挑戦するようになっていく。また，『お江戸の百太郎』（那須正幹，岩崎書店，1992年）なども，小さい

話を読みついでいくには，最適であろう。徐々に，長いまとまった本を読み続けることに慣れさせるようにする。一方で，ファンタジー，歴史もの，伝記等のジャンルの幅も広げていく。

（3） 特別な時間としての読み聞かせ——高学年以降

　高学年以降の読み聞かせには，本を「読んでもらう」時間という特別な意味がある。それは，読み手である教師と聞き手である子どもたちが本の世界を共有できる貴重な嬉しい時間である。したがって，この年齢期の「読み聞かせ」では，特に教師と子どもとの関係で，どんな本を選ぶのかが非常に重要になる。一般化しにくいが，宮沢賢治作品や，最近多数出版されるようになった大人向きの絵本，ショート・ショートなども，筆者は面白い素材であると考えている。筆者らの研究では，読み聞かせは，読むことに対する抵抗を緩和し，読みたいという気持ちや態度に結びつきやすい，安全な（すなわち，読書ぎらいを育てにくい）方法であるという結果が出た。高学年以降の読み聞かせには多くの可能性が潜在しているようである。

3　読み聞かせ以外の読書指導の方法

　次に，日常における読書行為に結びつけるという観点から，上記以外の読書指導の方法を（1）読書前，（2）読書中，（3）読書後に分けて説明する。

（1） 読書前——読書活動を誘発するための指導方法

　ブックトークは，あるテーマに基づいて一連の本を順序よく紹介していくものである。ブックトークで紹介した本は子どもによく読まれる。また，読解したものに関連した本を紹介する発展読書も自然で簡単であろう。さらに，普段の子どもの読書活動に目を配っておき，個々の子どもに応じて本を薦めることも，日常の読書を活性化する方法である。同様に，ブックリストも，ブックトークに比べると効果は落ちるが，子どもに本を紹介する確実な方法である。読書新聞・読書通信には，本に関する情報・インタビュー記事・書評等を載せて，とにかく，子どもと本の接点をつくるきっかけを盛り込む。これらは，教師自身がつねに子どもの読む本について幅広い知識と深い見識をもっており，指導

の時期を逸しないことが重要である。

（2）　読書中――読書過程そのものを扱う指導方法

　いわゆる教科書教材の読解指導や，本節で詳しく述べた読み聞かせは，読書過程そのものを扱っているという意味でここに含まれるであろう。また，調べ読みは，ある課題を設定し，それを解決するために，本などの「読む」ものを子どもが調べて発表するというものである。調べたくなるような課題が設定され，調べるべき媒体が整っていることが重要である。最近では，インターネットの情報を読むことも，調べ読みの一つとしてとらえられている。

（3）読書後――個人の読書の結果を報告させる指導方法

　賛否両論あるが，読書感想文は，自分がどのようにその本を読んだかということを報告させる，伝統的な読書後の指導である。読書記録は，個々の日常の読書を教師が把握するという意味からも，日常の読書と学校における指導とを結ぶために重要なデータとなる。子どもがおこなうブックトークや，「私のお薦めの本」の発表，本の帯作りなどは，自分が読んだ本についてなんらかの判断を下す機会を与えるという意味で，読書後の指導方法といえるであろう。

4　国語科以外の読書指導との連携を

　最後に，国語科以外で最近おこなわれるようになった読書指導との連携について述べておく。「朝の読書」「読み聞かせボランティア」などは，正規の国語科の授業ではないが，やはり子どもの読書を支える重要な指導である。学校図書館を利用した読書の時間も重要である。国語科の読解指導と学校におけるさまざまな読書活動と日常生活の読書行為との間に，国語科における読書指導が橋渡しとなって入れば，より有機的な指導ができる。読書の絶対量と読書のバリエーションをふやすことが，最終的には豊かな読書生活を営む基盤となる。読書指導は，子ども一人ひとりの日常の読書を扱うため，教師による介入は望まれなかったり難しいとされたりしてきた。

　本節では，その難しさを乗り越える具体的な方法をいくつか紹介してきた。それぞれの方法を支えるのは，教師自身の豊かなの読書行為であること忘れず

に，日々の研鑽にはげんでほしい。　　　　　　　　　　　　　　　　［足立　幸子］

参考文献

ジム・トレリース，亀井よし子訳『読み聞かせ―この素晴らしい世界―』高文研，1987年。
　読み聞かせの本は数多くあるが，それらの本のほとんどすべてにこの本が引用されてい
　る古典的名著。原書も多くの版を重ねている大ベストセラー。

足立幸子「交流型読み聞かせ」『新潟大学教育学部研究紀要』第7巻第1号，2014年，
　pp.1-13。海外でおこなわれている読み聞かせを参考にして，読み聞かせの前・中・後
　に読み手と聞き手または聞き手同士の交流をおこなう方法について説明したもの。

第3章　国語科の教材づくりと教材研究

第1節　教科内容と教材

1　国語科教育の問題点

　今までの国語科の授業では何が教えられてきただろうか。

　文学（物語・小説）の授業は，教材の間に関連性や発展性がなく，どの学年でも同じような学習課題（場面の様子を想像する，人物の心情を理解する，作品の主題を考える，感想を話し合う……）が繰り返されていた。一つの作品を隅々まで鑑賞する（教材を丸ごと教える）ことに汲々として，文学の原理・方法をふまえた読み方の基礎はほとんど教えられてはこなかった。

　説明文や論説文の授業は，段落に分けて要旨をまとめるというパターンの繰り返しだった。下手をすると，教材文が扱っている題材（自然・社会・文化など）に関する知識や筆者の主張が学習内容になり，理科だか社会科だかわからないような授業になることがあった。「速読と要約の技術」「文章吟味の方法」「説得の論法」などはきちんと教えられてこなかった。

　作文の授業でも，生徒に教えるべき「書く技術」は不明確であった。ときどき「行事作文」や「出来事作文」を書くということはあっても，その場限りの活動で終わることが多かった。せいぜい熱心な教師が評語をつけて返却したり，文集をつくったりするという程度であった。教科書では一学期にいくつかの作文単元が設定されているが，これでは継続的・系統的な文章表現の指導は不可能である。「文章の基本構成法」「論理明快な表現方法」「レトリックの技術」などは系統的に教えられてこなかった。

　「話す・聞く」という音声言語指導の方面はさらに立ち遅れていた。教科書の単元構成を見ても，その比重はきわめて軽い。また，「話す・聞く」に力を

入れて指導している教師も少ない。音読・朗読は副次的におこなわれ，討論は散漫な感想発表にとどまることが多かった。「メモの取り方」「スピーチの方法」「反論の技術」などはほとんど教えられてこなかった。

　要するに，国語科の〈教科内容〉が曖昧だったのである。〈教科内容〉とはその教科で教えるべき普遍的かつ科学的な概念・法則・原理・用語・技術の体系のことである。特に，言語技術としての読み方・書き方・話し方・聞き方の指導は不十分であった。したがって，授業で「確かなもの」として何を学んだか，どういう国語の力が身についたかという点が不明確であり，生徒にとって達成感・上達感に欠けていたのである。小・中・高を通じて「国語ぎらい」が多いのもそこに一因があるように思われる。また，「国語は特別の勉強をしなくてもテストで点が取れる」という受験生の声もそうした問題を象徴しているかのようである。漢字や文法などの知識を除けば，〈教科内容〉として何を習得したのかはっきりしないと感じている人も多いだろう。

2　教科内容と教材の区別

　国語科の〈教科内容〉があいまいだったのは，「教材を教える」と「教材で教える」とが十分に区別されていなかったことに原因がある。

　たとえば，先にも述べたように，文学作品の授業では，場面の様子を想像する，人物の心情を理解する，作品の主題を考える，感想を話し合うという学習が中心であった。一つの作品を詳しく理解させる（教材を教える）という立場である。「ごんぎつね」や「走れメロス」や「羅生門」という教材で「文学の読み方」を教えるという発想はなかった。「教材で教える」ということは，芸術作品を第二義的な位置に貶める，文学への冒涜だという見方もあった。

　また，説明文や論説文の授業も，段落に分けて要旨をまとめる，筆者の考えを知るという学習が中心であった。これも「教材を教える」という立場である。

　ここには，柴田義松が指摘するように，歴史的に〈教科内容〉と〈教材〉とが混同されてきたという問題がある[1]。特に国語科ではその傾向が顕著であった。したがって，今でも〈教科内容〉の曖昧さという問題を抱え込んでいるの

である。

　これからの国語科は，〈教科内容〉と〈教材〉を区別する必要がある。〈教材〉とは，一定の〈教科内容〉を教えるための材料・手段である[2]。とりわけ教科書は最も重要な教材であるが，それ以外にも教材になりうるもの（素材・ネタ）は身のまわりに多くある。一本のバナナも「日本の貿易相手国」を教えるために使えば，社会科の〈教材〉となる。ペットボトルで作った噴射ロケットも「圧力の原理」を教えるために使えば，理科の〈教材〉となる。同じように，テレビや新聞における広告・宣伝のコピーも「説得的な表現の方法」を教えるために使えば，国語科の〈教材〉となる。

　2002年度から学校週5日制がスタートして，授業時数が減ったことに伴う措置として，教科書の単元数や教材数が減った（教科書が実質的に薄くなった）ことがあった。これは〈教科内容〉と〈教材〉を混同していることの表れである。

　そもそも〈教材〉とは「教えるための材料」「学ぶための材料」なのだから，教材が多いことは必ずしも教科内容（ひいては子どもの負担）が多いことにはならない。すべての教材（作品）を丸ごと詳しく教えようとするからいけないのである。むしろ，その教材にふさわしい内容を精選して教えるべきである。しかも，いろいろな教材を通して繰り返し本質的なこと（物語の構造や表現の原理など）をじっくりと身につけさせるべきである。

　たとえば「かさこじぞう」（岩崎京子）では，これまでのように十数時間もかけて「場面の様子」や「人物の気持ち」を詳しく読解する（教材を教える）のでなく，「～くだされ。～くだされ」「ばあさま，ばあさま」「おお，おお」といった「反復表現」に焦点化して登場人物のやさしさ（人物像）を知るといった学習課題でも十分である。こうすれば一つの作品にかける時間は少なくてすむ。そして，その分，他の作品（民話）を読むことができる。〈教科内容〉は「ミニマム・エッセンシャルズ」に精選しても，〈教材〉は豊富に用意した方がよいのである。

3　教科内容としての言語技術

　では，国語科の〈教科内容〉として何を取り出したらよいのだろうか。

　第1章第4節でも述べたように，今後は《言語技術》にもっと着目すべきである。それは，言語活動や言語生活を適切かつ効果的に営むための技術である。それは，文章表現の理論をふまえた「読み方・書き方」，音声言語表現の理論をふまえた「話し方・聞き方」である。実用文を読むためには内容を迅速かつ正確にとらえる技術が必要である。文学作品を味わうためにはイメージ豊かに深く読む技術が必要である。達意の文章を書くためには基本的な作文技術が必要である。人と議論するためには説得や反駁の技術が必要である。

　国際化社会・情報化社会を迎えて言語技術教育の必要性を痛感することは多い。卑近な例をあげると，日本人は相手の目を見ないで話すという傾向がある。テレビのニュース番組のなかで外国人とのインタビューを見ていると，視線のちがいがよくわかる。外国人が相手から目をそらさないのに対して，日本人の聞き手は相手の顔を見ずに，もっぱら通訳に向かって話しかけているのである。これでは相手に対して失礼である。

　また，最近，インターネットなどで相手の言うことを鵜呑みにして，詐欺の被害にあうという人が増えている。これも言語技術（文章を吟味・批判する技術）の問題である。言語技術とは単なる小手先のハウツーではなく，内面的な認識能力とも深く結びついているのである。

　これからの国語科では言語技術教育の充実が必要である。ただし，「技術主義」に陥らないために，学習者の学びの文脈をふまえつつ，言語技術の有用性を実感させるような授業が望まれる。　　　　　　　　　　　　　［鶴田　清司］

注
（1）　柴田義松『学び方の基礎・基本と総合的学習』明治図書，1998年，106～110頁。
（2）　柴田義松は，「科学と教育の結合」という立場から，「教科内容」とは一般に「科学的概念」から構成されるべきだと主張し，「それを習得させるうえに必要とされる材料（事実，文章，直観教具など）」を「教材」と規定した（『現代の教授学』明治図書，1967年，14～15頁）。「教材で教える」という「目的－手段」の関係である。

第2節　教材づくりの発想

1　「教科書信仰」から自主教材づくりへ

　「国語ぎらい」の子どもが増えている。各種の実態調査を見ると、小・中学校ではどの学年でも「きらいな教科」の上位にランクされている。主要教科である算数（数学）、理科、英語なども同様の傾向にあるが、特に国語科は授業時間数が多いだけに深刻である。子どもたちはきらいな教科に多く付き合わされることになるからである。

　どうやったら国語科の時間がもっと楽しく魅力的なものになるだろうか。今までは、①座学中心で、活動が少ない（体育や図工などに比べて）、②母国語のため「話す・聞く・書く・読む」がある程度できるので、学校でそれを学ぶ動機づけが弱く、達成感や上達感も得られにくい、などの問題があった。

　これに加えて、これまでの「教科書信仰」が「国語ぎらい」の最大の原因になっていた。「教材」といえば真っ先に「教科書」を思い浮かべる人が多い。こういう教科書中心主義のもとでは、教材の自主的な選定・開発の動きが立ち遅れていた。年間の教科書教材の消化に汲々として、オリジナルの新鮮な教材を持ち込んで授業することは難しかったのである。

　もちろん、教科書は最も有力な教材であるから、おろそかにはできない。が、教科書でほんの4〜5頁の物語を何時間もかけて詳しく読解するというのでは子どもたちも飽きてくる。教師が学習者の実態（興味・関心・意欲・能力）に合わせて独自の教材をつくるという発想もきわめて重要である。

2　「上からの道」と「下からの道」

　教科の別を問わず、教材づくりの方法を考えるとき、「上からの道」と「下からの道」という二つの概念は参考になる。藤岡信勝は次のようにいう。

　　第一の方向は、「教育内容」から「教材」へと下降する道である。個々の科学

的概念や法則，知識を分析して，それに関連してひきよせられるさまざまな事実，現象の中から子どもの興味や関心をひきつけるような素材を選び出し，構成してゆく。これを，教材づくりにおける「上からの道」と呼ぶことにしよう。教材構成における中心的な，オーソドックスな方法は，当然，この「上からの道」である。（中略）

　これに対し，教材づくりの第二の方向は，「教材」から「教育内容」へと進む「下からの道」である。（中略）われわれは日常，さまざまな情報に接しているが，その中で，子どもの興味や関心をひきそうな事実にゆき合うことがある。そのとき，素材のおもしろさがまず発見され，しかるのち，事後的にその事実を分析し，おもしろさの意味を反省して，その素材がどんな教育内容と対応しうるかという価値が見いだされる[1]。

　「上からの道」とは「教育内容の教材化」，「下からの道」とは「素材の教材化」を意味する。前者が「組織的・系統的方法」であるのに対して，後者は「非組織的方法」「落穂ひろい的方法」である。また，二杉孝司がいうように，「下からの道」とは，「教材」の要件としての「典型性」（教科内容の構造を「全面的に正確ににになう」ということ）よりも「具体性」（子どもが「五官や運動器官やすでに手に入れている思考力を用いてその対象を分析したり，操作したり，総合したりする」ことができるということ）を優先したものである[2]。平たくいえば「おもしろいところから入る」という発想である。

　このように「下からの道」とは，子どもにとって魅力的な素材（作品）を選択することから出発して，そのなかに〈教科内容〉となるべき知識・技術を見定めて教材化していくという方法である。もちろん，「現実の教材づくりの過程はどちらか一方ではなく両方の道を往復することが多い」し，「下からの道」は「副次的」な方法であるということも認識しておかなければならない。

　では，国語科教育では，なぜ「下からの道」による教材づくりが要請されるのだろうか。ここでは二つのことをあげておきたい。

　第一に，何よりも子どもの興味・意欲・追究心を引き出すような魅力的な教材であることが前提になるということである。学習者論の観点から見ると，い

くらすぐれた〈教科内容〉を内在させている教材でも，それが子どもの知的好奇心を刺激し，思考を活性化させるようなものでないと無味乾燥な詰め込みや形式的な訓練に陥ることになる。もともと「下からの道」という発想自体，1960年代に陥りがちだった「科学主義」「系統主義」への反省を含んでいた。

　第二は，〈教科内容〉となるべき言語技術が十分に理論化・体系化されていないということである。これは，数学教育のように科学の体系が「通常科学」^{ノーマルサイエンス}（T・クーン）という形で明確に存在するような教科とちがって，学説上さまざまの対立が見られる言語理論，文学理論，テクスト理論，批評理論をベースとする国語科教育に固有の問題である。読みの領域に限っても，「何をもって共通に教える価値のある普遍的・科学的な概念・法則・原理・用語・技術とするか」という最初の段階で議論が滞ってしまうだろう。こういう事態を防ぐためにも，とりあえず「この素材（作品）ではこんな言語技術がうまく教えられる（面白く学べる）のではないか」という発想でスタートするのである。

3　「下からの道」による教材化

　「下からの道」のためには，まず，子どもの興味・関心・意欲を刺激するような素材を選ぶことが第一歩となる。文学教材で言えば，読んで面白い作品である。サスペンス・ファンタジー・ナンセンス・ユーモアなどに富んだ小説・物語・童話・詩などが候補となるだろう。古典的名作だけでなく，現代人気作家の新しい作品もどんどん取り入れたい。たとえ通俗的・大衆的な作品であっても構わない。ストーリーの構成（起承転結）やキャラクター（人物像）や視点の設定などを教えるのにマンガを使うということも導入段階では十分に考えられる。とりあえず「この素材ではこんな知識や技術が楽しく学べるのではないか」という発想でスタートするのである。

　いくつかの教材例を示そう。上條晴夫は，『授業でつかえる漢字あそびベスト50』という本で，「東」のなかに漢字がいくつあるかというクイズを紹介している[3]。「一」「木」「日」に始まり，難しいところでは「出」「束」「占」「吉」などがある。子どもたちは熱中して取り組み，すぐに30個以上は見つけるだろ

う。これは漢字（言語事項に含まれる）を楽しく学ぶことになる。

　また木下是雄は，「黒い目のきれいな女の子」という文が何通りに読めるか
という問題を紹介している[4]。これは実にすぐれた言語技術教材である。学習
者の興味や追究心を引き出すだけでなく，たった11文字の文が少なくとも次の
ような 8 通りの意味をもつという驚くべき事実を見せてくれる。

　　①　黒い目のきれいな，女の子（黒い目がきれいな少女）

　　②　黒い目の，きれいな，女の子（黒い目をした美しい少女）

　　③　黒い，目のきれいな，女の子（色が黒くて目のきれいな少女）

　　④　黒い目のきれいな女の，子（黒い目がきれいな女の子ども，男子かも）

　　⑤　黒い目の，きれいな，女の，子（黒い目をした美しい女の子ども）

　　⑥　黒い，目のきれいな，女の，子（色が黒くて目のきれいな女の子ども）

　　⑦　黒い，目のきれいな女の，子（目のきれいな女の子どもで，色が黒い）

　　⑧　黒い目の，きれいな女の，子（美しい女の子どもで，目が黒い）

　これによって，「あいまいな文や多義的な文を避けるためには読点による適
切な区切り方が必要だ」という言語技術が学べるのである。

　こうして実践を重ねていくことにとって，〈教科内容〉が精選・系統化され
るとともに，すぐれた〈教材〉が集積されていくだろう。　　　　　［鶴田　清司］

注
（ 1 ）　藤岡信勝『教材づくりの発想』日本書籍，1991年，37〜38頁。なお，ここでの「教
　　　育内容」とは，本稿での〈教科内容〉と同じである。
（ 2 ）　柴田義松・藤岡信勝・臼井嘉一編『シリーズ授業づくりの理論② 教科と教材の開
　　　発』日本書籍，1994年，157，165頁。
（ 3 ）　上條晴夫『授業でつかえる漢字あそびベスト50』民衆社，1997年，28頁。
（ 4 ）　木下是雄『理科系の作文技術』中公新書，1981年，126頁。

第3節　教材研究の方法——「読み」の授業のために

1　〈教材解釈〉と〈教材分析〉

　文学作品の教材研究や授業の方法として，〈解釈〉と〈分析〉を区別することが有効である（特に教材研究の場合は〈教材解釈〉と〈教材分析〉という形で区別される）。〈解釈〉とは，読者の内部にある「生活世界」や「原体験」を手がかりにして，テキストと対話しながら意味を発見していくという読み方である。これに対して，〈分析〉とは，主観的な要素は除外して，読者の外部にある普遍的・客観的な「理論言語」「概念システム」「分析コード」に準拠して，それを個々の作品に適用することによって意味を発見していくという読み方である。いずれも読みにおける「確かさ」の基準をどこに置くかという点が異なっている。つまり，主観的な真実性・明証性（確かさ・明らかさ）か，客観的な真実性・明証性（確かさ・明らかさ）かという対立である。

（1）〈解釈〉的方法とは——**自分の生活経験を重ねる**

　〈解釈〉とは，平たくいえば，自分の生活経験に基づく読み方のことである。テキストからの「問いかけ」とそれに対する読者の「答え」の往復運動による理解（作品との対話）である。そこでは，読者個人の暗黙的な「前理解」——ある事柄について前もってもっている何らかの理解（知識・感覚・感情・価値観・問題意識など）——に基づく一回的（その場限りの），歴史的（その時代・時期に固有の），開放的（出会いによって自分の地平が広がる）理解がおこなわれる。このように，自分の生活経験を作品世界に重ね合わせて，より普遍的な「現在における意味」を獲得することは「地平の融合」（H・G・ガダマー）といわれている。それによって，読者はそれまでの「先入見」を自覚し，新たな自己理解を得ることになる。

（2）〈分析〉的方法とは——**客観的な〈読みの技術〉を用いる**

　これに対して，〈分析〉とは科学的なものさしに基づく読み方のことである。テキストの外部にある客観的な規準（コード）に依拠して，それを個々の作品

に適用することによって意味を発見していく読み方である。そこでは普遍的（いつでもどこでも使える），非歴史的（時代を超えた），演繹的・外挿的（一般から個別に向かう）理解がおこなわれる。なお，その場合の〈分析コード〉とは，文芸学・表現学・文学批評理論などに基づいた作品分析法である。一般的に，構造論（設定，事件，筋，構成，伏線など），視点論（作者と語り手，同化と異化，視点人物と対象人物，一人称視点と三人称視点など），表現論（反復，対比，作型，イメージ，比喩，オノマトペ（声喩），象徴，倒置，誇張，省略，リズム，字形，表記，句読点など），人物論（主役・対役，人物像とその変化，心の転換点，人物の姓名・呼称など），文体論（語り口，文末表現，作調など）に基づく作品分析法が有力である。

（3）「雪が融ければ何になる？」

　小学校の理科の授業で，教師が「雪が融ければ何になるか」とたずねたところ，子どもたちが「春になる」と答えたという有名なエピソードがある。化学的な視点から「水になる」という答えを期待していた教師にとって，それは予想外のことだった。たしかに雪も水もH_2Oであることにちがいはない。しかし，雪国の子どもにとって「雪が融けると春になる」というのは，生活世界における真実であった。雪融けはそのまま春の訪れを感じさせるものである。それは先の発問に対する〈解釈〉の結果に他ならない。それに対して，「雪が融けると水になる」という教師の考え方は，科学的・普遍的な〈分析〉に他ならない。ここには〈解釈〉と〈分析〉の相違がよく表れている。

2　〈教材解釈〉と〈教材分析〉の実際

　一つの詩を例にして，〈解釈〉と〈分析〉のちがいを見ていこう。

雪　　　　　　　　　　　　　　　　三好達治

　　太郎を眠らせ，太郎の屋根に雪ふりつむ。
　　次郎を眠らせ，次郎の屋根に雪ふりつむ。

　この詩に対面して，音読や朗読を生かしながら，「どんな感じがするか」「どんな情景が浮かんでくるか」「どんな雪がどれくらい降り積もっているか」「太郎と次郎は誰か（何か），眠らせたのは誰か（何か）」といったテキストの内側から湧き上がってくる問いに対して，一つ一つの言葉に寄り添いながら自分なりに答えていくのが〈解釈〉である。これは当然，人によって異なった結果が生じる。太郎と次郎を兄弟と見る読者もいれば，遊び友だちと見る読者もいる。井伏鱒二のように「青い鳥を探しあぐねて疲れ切って寝てい」たという特殊な文脈をつくり出して楽しむような場合もあるだろう。また，同じ人でも読む時期・時間・場所・状況によって〈解釈〉が異なってくることもある。小学校時代には「太郎や次郎は犬である」と思っていた読者が，いつしか「太郎と次郎は幼い兄弟である」という考えに変わっていく。また，雪の夜の静けさだけをイメージしていた読者が，自分の故郷さらには日本の伝統的な世界（自然・風景）に郷愁を感じるようになる場合もある。老境に入る，子どもが生まれる，病床に就くなど，読者の状況の変化も読みに大きく影響するだろう。こうして，作品の新生面を発見した現代の読者は，それまでの自己の「先入見」（ある一つの地平からの限定された理解内容）を自覚するとともに，そういう自己をより大きな地平のなかでとらえ直すという「新しい自己理解」を得るのである。

　一方，「詩の技法としての曖昧さや省略はどこにあるか」「反復的表現の効果はどうか」「読点がない場合と比べてどんなちがいがあるか」「比喩が使われているとすればどれか」「現在形の文末から何が分かるか」「起承転結の転はどこか，転がないとすれば何を意味しているか」といったテキストには内在していない異質の問いに答えていくのが〈分析〉である。これは作品の外側にある科学的・客観的な規準（ものさし）に基づいて「雪」という詩の意味を明らかにしようという試みである。これは，十人十色の〈解釈〉とちがって，「反復」「読点」「現在形」などの表現効果について誰が見てもほぼ一致できるような読み（例えば「反復によって，雪がずっと降り続いていくような感じを与える」「読点による切れが静寂さをもたらす」）が生じやすい。それらの問いは文学テキストの読み方の定式（コードまたはレパートリー）になっているので，時代が変わっ

ても，読者の状況が変わっても，作品が変わっても，いつでも同じような手
法・手順でおこなわれることになる。つまり，〈解釈〉とちがって，方法論が
明確であり，普遍的に広く通用する読み方であるといえる。

　さて，こうした〈解釈〉と〈分析〉は対立的な関係にあるのではなく，相補
的な関係にあると考えるべきである。〈解釈〉の妥当性を確かめるために〈分
析〉を用いる，〈解釈〉の手がかりがないときに〈分析〉を用いる，最初の
〈解釈〉をもっと豊かで深いものにするために〈分析〉を用いる……という関
係が望ましい。もちろん〈分析〉が煩雑になりすぎたり，作品と不整合を起こ
したりして，〈解釈〉を阻害する場合もあることには注意しなくてはならない。

４　「かさこじぞう」（岩崎京子）の〈解釈〉と〈分析〉

（１）〈教材解釈〉編

　〈解釈〉とは読者の生活経験に基づく知識・感覚などに依存した読み方であ
る。「かさこじぞう」（岩崎京子）でも，子どもの生活世界ないし原体験がいか
なるものか，テキストが語りかけてくる部分はどこか，さらにそれに答えるた
めの素地はあるかといったことが問題になる。つまり，子どもと作品との対話
はいかにして可能かという問題を考慮しなくてはならないのである。

　まず「かさこじぞう」を読むときに最低限必要になる〈前理解〉は何か，そ
れをどう喚起するかという問題について考えてみたい。古い時代の題材を取り
上げた本作品と子どもたちとの接点をいかに保障するかということである。次
に，読者側の問題も意識しながら，作品の核心的な「語りかけ」に答えること
によって，「かさこじぞう」を豊かに意味づけ，主題や人物像に迫ってみたい。

〈大みそか〉と〈正月〉についての〈前理解〉

　日本人にとって大晦日から新年にかけては特別の意味があった。〈お正月さ
ん〉という言い方からもわかるように，歳神さまが来訪する時である。餅，お
雑煮，おせち，おとそ，松飾り，しめ縄などは新年を寿ぐ意の表れである。と
ころが，最近はこうした正月の特殊性が薄れてきている。餅も一年中食べるこ
とができる。しかし，〈もちこの用意もできんのう〉とあるように，餅は正月

を迎えるにあたって最低限必要な物である。じいさまの〈ためいき〉まじりの
せりふを理解するには，餅のない正月がいかに惨めかという生活感覚を喚起す
ることが必要になる。

〈いつのまにか，日もくれかけました〉の〈解釈〉

じいさまは，笠が売れなかったので落胆する。いや，家で待っているばあさ
まががっかりするだろうと思って，ますます落胆したのである。心やさしいじ
いさまにとって，ばあさまの期待に応えられないことはつらいことである。

私たちは，心が沈んだ状態になると，他の事物も暗く沈んで見えるという経
験がある。悲しい出来事があると，見慣れた風景もいつもと違ってわびしく見
える。〈いつのまにか，日もくれかけました〉という表現も，じいさまの気分
の投影である。「生きられた空間」として，「こころ」と「からだ」と「もの」
はつながっている。じいさまは悲しい気分に彩られた空間を生きているのだ。

〈おゆをのんでやすみました〉の〈解釈〉

この表現も子どもは読み飛ばしてしまいそうなところである。しかし，「お
ゆをのむ」（白湯を飲む）ということは貧しさの象徴である。お茶さえもないの
だ。〈たいそうびんぼう〉〈その日その日をやっとくらしておりました〉〈なん
にもありません〉〈つぎはぎの手ぬぐい〉などの表現と関連づけて読ませるこ
とが必要である。

（2）〈教材分析〉編

以上では，テキストに読者の生活経験を重ね合わせながら今日的に意味づけ
ていくという読み方を示した。次に，そうした〈解釈〉を確かで豊かなものに
するための〈分析〉を試みる。ここでは反復表現とイメージを取り上げる。

①　「反復表現」の〈分析〉

人物像に直結する反復表現として押さえておきたいのは次のものである。
〈とんぼりとんぼり〉……かさこが売れなくて，ばあさまはさぞがっかりする
だろうと思っている，じいさまの沈んだ気持ちの表れ。ばあさまへの思いやり。
〈かぶってくだされ〉〈こらえてくだされ〉……〈じぞうさま〉という呼称と同
様，石地蔵に敬語を使っていることからやさしい人物であることがわかる。

〈かたやらせなやらをなでました〉……〈〜やら〜やら〉という表現は例示を表す副助詞である。当然，肩と背中だけではない。この場合は，体の他の部位も撫でているじいさまのやさしい姿が浮かんでくる。

〈ばあさま，ばあさま〉……吹雪になって，ばあさまが自分の身を案じていると思い，早く帰宅したことを告げて安心させようというじいさまの思いやり。

〈さぞつめたかろうのう〉〈さぞつめたかったろうの〉〈じぞうさまも，この雪じゃさぞつめたかろうもん〉……このせりふは，それぞれ「じいさま→じぞうさま」「ばあさま→じいさま」「ばあさま→じぞうさま」と発話状況は異なるが，どれも寒い思いをしている相手に共感し，思いやる気持ちがある。

② 「イメージ」の〈分析〉

まず，〈とんぼりとんぼり〉というオノマトペ（声喩）を見てみよう。「とぼとぼ」よりも足どりが重い感じがする。老齢と疲労のせいで歩幅小さく歩いている様子である。笠が売れず，ばあさまの期待に応えられなかったじいさまの落胆ぶりもうかがえる。

〈ずっさんずっさん〉は土産がいっぱいという感じがする。実際，〈米のもち，あわのもちのたわら〉〈みそだる〉〈にんじん，ごんぼやだいこんのかます〉〈おかざりのまつ〉などが満載であった。〈じょいやさ　じょいやさ〉という力強い掛け声とも関連して，〈そり〉を引いてきたじぞうさまの感謝の念が読みとれる。じいさまとばあさまが正月を満喫したことも想像できる。

感覚表現では，〈風〉〈ふぶき〉〈雪〉〈つらら〉など寒さを表す触覚イメージが多い。これと対照的に，〈手ぬぐい〉〈いろり〉〈おゆ〉などは暖かさの表現として，逆に，外が冷え込んでいることを強調する効果を生んでいる。

［鶴田　清司］

参考文献

鶴田清司『〈解釈〉と〈分析〉の統合をめざす文学教育―新しい解釈学理論を手がかりに―』学文社，2010年。文学作品の〈読み〉の授業や教材研究のための基礎的な概念として，〈解釈〉と〈分析〉という二つの方法を設定して，授業の事例に即してその特徴を明らかにしている。

第4章　国語科の学習指導論

第1節　授業の構造と設計

1　授業（教授 – 学習）過程の構造

　授業は，教師と子どもとの協同活動である。そして，そこには必ず教え学ばれる何らかの教材がある。これら三者の相互関係のなかで授業は展開する。その相互関係のあり方は，歴史的な社会構造の変化とか，教育理論の発展などに規定されてさまざまに変化し，発展してきた。

　授業は，外面的には，人類および各民族が積み上げてきた文化遺産を教師が若い世代に教授する過程である。だが，この過程の内面では，もう一つの重要な過程が進行している。それは，子どもの知識や技能などの精神発達である。この精神発達と教授 – 学習過程とは相互に関連をもちつつも，決して一つの過程ではない。どんな時代の教育も，文化遺産を若い世代に伝えるという社会的任務をもつことは明らかである。また，子どもたちは，社会に蓄積され受け継がれてきた言語をはじめとする精神的富を習得するなかで自らの精神を発達させていくのだが，文化遺産の伝達を第一の任務とする教授が，子どもの精神発達とどのように関わってきたかについては歴史的な変遷を見る必要がある。

　知識の習得が，聖書とか教科書の言葉の機械的反復，暗誦という方法でおこなわれたのは，そんなに遠い昔のことではない。1880（明治13）年文部省発行の教科書『修身訓』には，「修身学ノ書ハ宜シク生徒ヲシテ熟読暗記セシムベシ。其意深遠ニシテ，幼年生徒ノ理会スルコト能ハザルノ語アルモ，常ニ此ヲ記憶シテ忘レザル時ハ，年長スルニ随ヒ，漸々其意味ヲ了解スルコトヲ得」と書かれてあった。内容の理解を問わない，まさに言葉の注入的教授なのである。

　このような教授のもとでも子どもの精神は発達する。しかし，それは主とし

て教師の権威に代表される国家とか教会，比較的最近では政府とか企業の権威
に対する服従の精神にほかならず，教授の内容とは必ずしも関係をもたない。
国家とか教会は，民衆の精神を知識によって豊かにすることよりも，服従の精
神を民衆に植えつけることの方をしばしばより重視したのである。

　現代の学校では，宗教的教義を暗記させるようなことはあまりない。しかし，
学問的知識にそれが代わっただけで，知識の暗記を教授の主目標としている場
合は決して少なくない。小学生は記憶力がもっとも旺盛な時代であるから，漢
字の読み書き能力とか九九をはじめ簡単な計算の暗算力を効果的な反復練習法
で育てたり，古典的な優れた詩や文章を暗誦させることは，最低限の基礎学力
を身につけるうえでは必要なことであり，必ずしも否定すべきことではない。
しかし，このような暗記中心に偏る教育は，創造的・探究的精神を育てる教育
とはならず，権威への盲従ないし追随の精神を育てることになりかねない。

　封建的束縛からの自由，民衆の解放運動と結びついて発展してきた近代教授
学は，このような機械的暗記の教授法に反対し，子どもの人間性（知的・道徳
的・技術的能力）の開発をめざして，事物の感性的知覚から出発し，子どもの
想像力や創造力を豊かに育てる教授論（教授の直観性，生徒の自己活動の原理な
ど）を主張した（コメニウス『大教授学』，ルソー『エミール』など）。

　しかし，生徒の自己活動の重視が自己目的と化し，授業が子どもの自己活動
に従属するような関係におかれるときには，機械的暗記の教授とは対極的な誤
謬が生ずることになる。たとえば，児童中心主義の教育が，子どもの自発的活
動とか興味を出発点とし，それを中心に教育を展開するとき，学問の体系的知
識の習得はおろそかとなる。子どもが現実の生活のなかで直面する問題を取り
上げ，その解決を中心にして有効な生活経験を積むことを学習の課題と考える
経験主義の教育も，子どもに問題解決的思考や創造的思考を要求しながら，問
題解決に必要な基礎的知識を子どもに習得させるうえで困難に直面した。

　現在の学校は，この両極端の誤謬に陥った教育の歴史に学びながら，正しい
授業のあり方を模索し，探究している段階といえよう。たとえば，教授―学習
過程のなかで子どもは新しい知識を獲得する。それが子ども自身の探究的活動

に基づいておこなわれる場合に，教授－学習過程での子どもの認識活動と科学者である大人の認識活動とは，本質的に同じものなのか，それとも違うものなのかが，しばしば問われる。

　子どもが授業のなかでおこなう認識活動と科学者の認識活動とがまったく同じだとはいえないだろう。そこには，共通性と同時に相違がある。その相違を無視して，教授－学習過程の本質を明らかにすることはできないだろう。

　両者の基本的相違は，第一に，子どもによる認識活動が，教師の指導のもとでおこなわれることからくる。子どもは，比較的短期間に人類の数万年にも及ぶ経験の集約としての知識体系を習得しなければならない。科学の諸知識が「教科内容の体系」として子どもに与えられるのは，そのためである。

　このような知識の習得が，教授－学習の第一の課題とされ，教師の主たる任務も，科学がこれまでに達成した成果に基づいて，そのなかのもっとも基本となるものを教科内容として選択し，子どもに習得させることにある。それと同時に，教師は，そのような知識の教授を通して，子どもの認識諸能力をも発達させねばならない。教授－学習過程は，知識の習得を基礎に，また知識の習得活動を通して，子どもの観察力，想像力，思考力，記憶力を発達させる過程でもある。子どもは，教師の指導・援助を受けながら，自分をとりまく現実（自然，人間，社会）との相互作用のなかで，新しい知識を獲得するのである。

　それとともに，このような子どもの認識活動を指導する教師の活動自体も，現実を認識する活動であることに注意しなくてはならない。教師は，教材を準備し，授業の準備を進めるなかで自分自身，新しい知識を獲得したり，自分の認識能力を高めたりする。また，教師は，子どもが新しい知識を獲得していく過程そのものを認識し，その法則性を探究しなければならない。そのような子どもの認識活動の研究と結びついておこなわれる教師の教材研究とか教材解釈は，ときに教材のなかに新しい事実とか側面を教師自身に発見させることになる。さらに，教師は，授業のなかでも，子どもたちとの問答や討論を通して新しい事実を教材のなかに，あるいは子どもとか教師自身の認識活動のなかに発見する。教師の教育技術は，まさにこうした具体的事実の認識に基づいて独自

の教育活動を工夫し，展開するところにあらわれるのである。

　教師の教授活動と子どもの学習活動とは，このように教材を媒介として現実のなかに真実を探究する協同の認識活動である。授業における認識活動の主体は，子どもであり教師である。両者がともに授業の主体であって，子ども，あるいは教師だけが授業の主体ではない。しかし，両者は，教授と学習という異なり，相対立した役割を演じる。授業は，このような対立物の統一として運動し発展する。授業過程の本質を明らかにするためには，この過程に含まれる対立を明らかにすることが必要である。「世界のすべての過程を，その〈自己運動〉において，その自発的な発展において，その生き生きとした生命において認識する条件は，それらを対立物の統一として認識することである」[1]からだ。

2　授業展開の原動力

　授業過程にはさまざまな対立・矛盾が含まれている。子どもは，それ自体さまざまな矛盾を内にもっており，学習過程もそれに固有の内的矛盾をもっている。教師自身また教授過程もそれに固有の内的矛盾をもっている。さらに，教材にも内的矛盾が含まれていることを，たとえば，阿部昇『授業づくりのための「説明的文章教材」の徹底批判』（明治図書，1996年）は明らかにしている。

　授業の運動や展開の原動力となるものを，授業過程に固有の内的矛盾としてとらえる見解は，わが国のすぐれた教師たちのあいだでも生み出され，実践されてきた。このような見解をもっとも鮮明に打ち出したのは，斎藤喜博である。

　　授業に，そういう変化が起こり，流動が起こり，爆発が起こるということは，その授業が，授業のなかに絶えず矛盾をつくりだし，衝突・葛藤を起こすことによって，矛盾を克服していっているからである。だから，流動し展開する授業になっているのである。……教材と教師と子どもとの間に矛盾が起こり，対立とか衝突・葛藤とかが起こり，それを越えることによって，教師も子どもも新しいものを発見し，創造し，新しい次元へと移行していくようなものでなければならない[2]。

　教材は，子どもにとっていわば問題のかたまりである。解釈をしたり，法則を発見したり，課題を解決したりしなければならない問題がそこに内在してい

る。それら問題に対しては，子どもの知識や考え方が対立するだけでなく，教師の知識や考え方も対立する。教師は，その教材によって何を子どもに教えるかを，教材の本質についての自分の解釈および子どもたちの心理についての理解に基づいて決定しなければならない。こうして授業の始まる以前に，まず教師が教材と対決し，そこに緊張関係が生まれる。

　その授業に寄せる教師の願いは，子どもの現実と対立する。子どもたちの思考や感じ方をこのように変えてやろうと願う教師と子どもたちとの対決・衝突，そこに第二の緊張関係が生まれる。

　子どもは教材と対立する。これまでの知識や能力では組み伏せることのできない教材との対決がはじまり，そこに第三の緊張関係が生まれる。そして，最後に，学級の子どもたちどうしの間に意見の対立や衝突が生まれ，それら対立の克服が，教材のより深い解釈を生み出す。

　このような授業での緊張関係の発生，授業過程に固有な矛盾の発生は，教師の力によって大きく左右される。教材自体がはらむ矛盾，あるいは子どもたちどうしの間の意見の対立は，潜在的には存在していても，教師の説明とか発問あるいは問い返しを通じて表面化しなければ，授業の緊張関係を生み出さずにすんでしまうことがある。斎藤のいう「展開のある授業」がどのような条件のもとで，教師のどのような授業技術によって生み出されるかを明らかにするところに，授業研究のもっとも重要な課題があるといってよい。

　これまでの教授学で，授業過程のこのような問題に真正面から取り組んだものとして第一にあげられるのは，ダニロフの『教授過程』[3]である。ダニロフは，「教授－学習過程はもともと多様な矛盾を含む極めて複雑な現象」であるが，授業過程の基本的原動力となるものは，授業の進行によって提出される学習課題や実践課題と，子どもたちの知識や能力の発達水準とのあいだの矛盾であるとしながら，教師によって提出される課題と子どもの認識力との間の矛盾のすべてが授業過程の原動力となるのではなく，特定の諸条件のもとで発生し，解決される矛盾だけが，そのような原動力となるということを具体的事例でもって明らかにしている。それは，次のような諸条件である。

a　子どもに，困難とそれを解決する必要が理解されていること

b　その困難が，子どもの認識能力に相応したものであること

c　矛盾が，授業過程の進行によって，その論理によって準備され，引き起こされたものであること

d　新しいものの学習の最初の段階において，子どもを認識課題の解決からそらすようなものはすべて，彼らの視野から除去すること

　ダニロフは，これらの諸条件を一般化して「授業過程のなかで生じる矛盾が，授業の原動力となるための決定的条件は，その矛盾が子ども自身の意識のなかでの，子どもの全人格のなかでの矛盾となることによって内面的な性格をうけとり，子どもによって困難として意識されるということである」と述べている。

　ダニロフは，さらに授業過程の原動力となる基本的矛盾として上にあげた矛盾のほかに授業過程には次のような多様な矛盾が含まれているとしている。

①　すでに習得されたものと新しいものとの間の，また子ども自身にとっては完全なものと思われている知識とその知識の事実上の限界との間の矛盾

②　教師による教材の一斉的説明と，それぞれの子どもによる教材の習得の個人的性格との間の矛盾

③　知識と習熟との間の，習熟と能力との間の，言葉と具体的な表象との間の，個々の教科の知識と世界観との間の，事物についての習慣的な観念と，授業の際に習得される，それについての科学的な観念との間の，古いものと新しいものとの間の矛盾

　ダニロフが，このように授業過程は極めて多様な矛盾から成り立ち，そのすべての矛盾がこの過程の原動力となるのではないとしたうえで，どのような矛盾が，どのような条件のもとで授業過程の原動力となるかを明らかにすることに教授学研究の課題があると指摘したことは極めて重要な問題提起であった。特に，私が興味をそそられ，具体的な内容を追求すれば認識論的にも重要な研究成果が得られるはずだと思ったのは，上の，③であげられているような矛盾である。これは，日本の生活綴方教師が，子どもたちのもっている固定観念と対決するために苦労した「概念くだき」の方法にも通じるものである。また，

ヴィゴツキーが子どもたちの生活的概念と学校で教える科学的概念との対立と
して論じた問題とも相通ずるところがある。

　ただし，このダニロフの研究には，一つ重要な問題が欠けているように私に
は思われる。すなわち，彼がここであげているのは，子どもの意識過程内の矛
盾，それも個人的意識の現象に限られており，学習集団内の意見の対立や矛盾
がまともには取り上げられていない。彼は，「先進的な教師たちの経験は，授
業の成功にとって集団が大きな意義をもっていることを立証している。もし学
級が組織されておれば，子どもたちの作業は積極的な性格をもってくるし，成
功をもたらす」とまでは述べているが，なぜか「この問題は，極めて重要では
あるが，この著作のプランのうちには入れられていない」とことわり，教授—
学習過程の本質の追求から除外してしまっている。学級集団の役割についても，
子どもたちの作業を「積極的な性格」のものにすると言うにとどまっている。

　授業のなかで子どもたちの間に多様な考えが生み出され，それらが対立し，
矛盾するということは，たんに子どもたちの活動を積極的なものにするだけで
なく，子どもたちのものの見方・考え方とか知識そのものを変革し，豊かに発
展させていくうえで重要な役割を果たすものである。斎藤喜博は，このような
授業のなかの対立・矛盾の役割について次のように述べている。

　　　大切なことは，教材の持っている本質的なものと，教師や子どもが，その教材
　　に対して最初に持っているイメージや解釈や疑問，また学習の展開の過程のなか
　　で，それぞれの心のなかにつくりだされていく疑問や問題や解釈や興味を，たが
　　いに結び合わせ，激突させ，追求していくことである。そういうなかで，それぞ
　　れの人間の，考えや解釈や疑問を，変化させたり，拡大させたり，深化させたり
　　して，新しいイメージや解釈や疑問を，それぞれの人間に，また，学級全体のな
　　かに，……つくりださせていくことである[4]。

　授業のなかの矛盾は，教師と教材，子どもと教材，教師と子ども，子どもと
子どもとの間に対決が起こり，交流が起こるなかで生まれる。特に教師と子ど
もとの対決，学級の子どもどうしの間の対決，そしてお互いの見方・考え方の
否定の積み重ねが，子どもたちの間に新しい思考や論理を生み出し，真理によ

り近いものを発見させ，獲得させるのである。

3　展開のある授業の設計

　斎藤は，授業のなかにこのような矛盾をつくり出すための方法についても述べている。「ゆさぶり」と斎藤が呼んだ方法もその一つで，子どもたちの考え出した意見を「否定」したり，「事件をつくりだす」という方法である。子どもの出した考え方を否定し，違う方へともっていき，それをまた否定して，より高い新しい解釈に導いていく。また，子どもたちが，たんなる事実として見過ごしてしまうようなことを「事件」にかえ，子どもたちの間に，衝突・葛藤を起こさせることによって，お互いの見方・考え方を変えていくのである。

　このような否定の否定によって成り立つ相互交流は，決してお互いの人格を否定したり，見下したりするものではない。むしろ，否定を通して創造も発展も生まれることを実体験によって認識するとき，子どもたちは他の子どもの人格を認め，友だちと学び合うことの喜びを身をもって体得するようになる。

　ただし，学級が，そして各教科の授業が，このようにしてみんなが考えを出し合い，学び合う場となるためには，それなりの学び方指導が事前に必要となる。とりわけ大切なこととしては，友だちの間違いや失敗をばかにして大声で笑ったり，ひやかしたりすることを断固止めさせねばならない。間違いはだれにもある。はじめから間違いのないところには進歩もない。「教室は，まちがえるところ，まちがえたり失敗したことをみんなで教えあい，助け合うところが学校」という考えを，子どもたちに徹底させる必要がある。こういう考えや規律がない教室では，子どもたちがのびのびと発言することができない。新しいことを学ぶときに，わからないことがあるのは当然である。わかったことと，わからないこととをはっきりさせ，わからないことは進んで質問し，みんながわかるように努力する教室にすることが必要なのである。

　そのような教室にするためには，いつも教師が問い，子どもが答えるという師問児答の授業パターンを改め，子どもがわからないこと，疑問に思ったことは進んで質問し，それをみんなで追究することが授業の基本的なあり方となる

ようにしなければならない。教師が子どもにわからせることを主眼とする授業
ではなく，子どもに「問い方」を教え，みんなで良い問題を見つけ出し，追究
することに主眼をおいた授業に切り換えるのである。その際，班学習の方式を
採り入れるのも有効な方法である。最初は，班で出し合った質問をどんどん出
させるようにしながら，しだいに量から質への転換を図り，質的により良い質
問を子どもたちや班が競って考え出すように指導するのである。

　このようにして真実を探究するきびしいなかにも，なごやかな温かい雰囲気
の学級をつくり出すうえでもう一つ欠かせないと思われるのは，ユーモアであ
る。笑いは，人と人とをつなぎ合わせる力をもっている。ユーモアによってか
もしだされる笑いが，子どもたちの心を解放し，子どもや親と教師との間の心
のつながりもできてくるのである[5]。

　わが国の学校では，教科書に書いてあることをただ覚えるだけの学び方がい
まだに多い。しかし，これからの情報化社会に生きる人間にとっては，頭に詰
め込んだ知識の量よりも，常に「問い」をもち，知的好奇心を燃やして，自ら
知識を増殖させていくような学び方を身につけることの方がよほど大切となっ
てくるだろう。21世紀になって施行された2008年版学習指導要領の「総合的な
学習の時間」では「自ら課題を見付け，自ら学び，自ら考え，主体的に判断し，
よりよく問題を解決する資質や能力」を育てるような学びの展開の必要性を強
調している。その後の2017年版学習指導要領もほぼ同じ方向性である。このよ
うな授業過程の質的な転換を図るために必要となる条件を，最後にまとめてあ
げてみることにしよう。

①　学校全体としては，子どもや学校・地域の実態を教職員が中心となって
　十分に分析し，議論して，みんなが納得する学校の教育課程づくりをおこ
　なうことが第一に必要である。

②　ありきたりのことを学習の題材としていたのでは，子どもの追究心を呼
　び起こすことはできない。子どもたちの興味・関心をよび，問い心を起こ
　させるような教材，すなわち，子どもたちが自ら問いを抱き，追究したく
　なるような意外性のある題材を選ぶようにしなければならない。現実生活

と関わりがあり，子どもたちの感性に訴えるような題材が望ましい。

③　師問児答の授業パターンを打ち破る必要がある。子どもたちが自ら問い，その問いについてみんなで考え，追究するように，授業の基本的あり方を変えていかねばならない。ただし，何を問うか，価値ある問いは何かは，それ自体極めて重要な問いであり，学問を学ぶこと，教師の指導の必要性もそこにこそあることを忘れてはならない。

④　授業では，子どもたちの常識的な思い込みを突き崩し，ものごとには常に多様な見方・考え方が存在すること，真実は探究すべきものであって，その道は奥行きの深いものであることを子どもたちに気づかせることが大切である。そのためには，違った意見を出し合い，対立する意見をかみ合わせる討論学習の果たす役割が大きい。

⑤　自分にわからないこと，納得できないことを出し合い，それをみんなで追究することを重視する授業をつくり出すためには，子どもたちがお互いの良さを認め合い，助け合うような学習集団づくりが必要である。友だちの間違いや失敗を嘲笑するようなことは止めさせ，授業はむしろ間違えたり失敗したことを通して新しいことを学び合うことこそが大切であるという考えを子どもたちにも徹底させることが必要である。　　　　［柴田　義松］

注
（1）　レーニン『哲学ノート2』大月書店，1964年，327頁。
（2）　斎藤喜博『教育学のすすめ』斎藤喜博全集第6巻，国土社，1970年，384頁。
（3）　ダニロフ『教授過程 上』明治図書，1960年，106頁。
（4）　斎藤喜博『授業』斎藤喜博全集第5巻，国土社，1970年，263頁。
（5）　増田修治『笑って伸ばす子どもの力』主婦の友社，2002年。

参考文献
柴田義松『21世紀を拓く教授学』明治図書，2001年。近代欧米の教授学研究の成果を批判的に摂取しながら，わが国における授業の技術＝教授学理論の発展を概括したもの。
柴田義松『批判的思考力を育てる授業と学習集団の実践』日本標準，2006年。学習集団における討論を媒介として批判的思考力を育てる授業のあり方を具体的に論述している。

第2節　授業の方法・技術

　授業の方法・技術について考えていくとき，発問・指示・説明・助言等の
「指導言」のあり方，学習集団の指導[1]，教師の位置・姿勢・視線・表情・話
し方等のさまざまな授業技術，授業研究の方法，指導案の作成など――いくつ
かのアプローチの仕方が考えられる。が，この節では「指導言」のあり方とさ
まざまな授業技術を取り上げ，最後に学習指導案を例示する。

1　指導言とは何か

　「指導言」とは，授業のなかで教師が指導のために発するすべての言葉のこ
とである。今まで「発問」「助言」「指示」等の用語はあったが，教師が授業の
なかで指導のために発する言葉総体を指し示す用語がなかった。「指導言」と
いう用語を使うことによって，授業のなかで教師が指導のために発する言葉を，
より総合的に把握することができるようになる。同時にそれらを，より明確に
分類し分析できるようになる。
　指導言は，その機能と形態で，次のように分類できる。

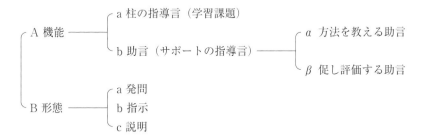

2　指導言の二つの機能

（1）　柱の指導言と助言（サポートの指導言）

　授業計画を立てる際にも，授業後に指導の自己検討をおこなう際にも，指導

言の二つの機能である「柱の指導言」と「助言（サポートの指導言）」とを意識的に区別することで，より有効な計画・検討が可能となる。

〈a　柱の指導言〉とは，授業において子どもたちに学習の流れを大きく示す指導言である。これが，その授業の学習課題を提示する役割をもつ。たとえば，「ごんは人間にたとえるとだいたい何歳くらいだろう？」（新美南吉「ごんぎつね」）[2]，「長い間追い続けてきたのに，なぜ太一は瀬の主（クエ）をとらなかったのだろう？」（立松和平「海の命」）[3]，「導入部分でメロスの家族構成が書かれているが，それは一体どんな意味があるの？」（太宰治「走れメロス」）[4]，「大豆の説明のし方の順序のひみつを見つけ出そう」（国分牧衛「すがたをかえる大豆」）[5] などというものである。

　この指導言によって，子どもたちが興味をもって主体的に学習に向かっていけるようにしていく必要がある。同時に子どもたちのなかに揺れや葛藤が生まれるような指導言が望ましい。揺れや葛藤があることで，新たな発見が生まれてくる。それは学級全体としては，学習課題をめぐって分裂が起きるということでもある。そして，その分裂こそが，子どもたち相互の討論を生み出し，より質の高い学習を可能にしていく。

　上記の三つの問いは，いずれも簡単には答えられない難しい学習課題である。「わからない」という反応が返ってくる場合もあるし，さまざまな解釈が子どもたちから出てくる場合もある。その根拠を本文のなかから見つけだすことを促すなかで，さらに子ども一人ひとりに新たな葛藤が生じ，子ども相互に葛藤・対立が起きてくる。その過程で発見があり，新しい学習が実現していく。

　ただし，その課題が国語科教育の目的・内容にそったものでなければ意味がない。ただ，興味をもち，分裂し葛藤し討論が起きるだけではいけない。たとえば，メロスの家族構成の意味やごんの年齢の追究は，国語科の教科内容として重要な意味をもっている。小説においては，主人公の人物形象は重要な位置をもつ。特に導入部分で読みとれる人物の家族の形象や年齢の形象は，後に大きな意味を生ずることになる。「なぜ太一は瀬の主（クエ）をとらなかったのだろう」は，そのままこの作品のテーマ追究につながる。ここで学習した着目の

仕方，謎解明の仕方は，子どもたちの学習方法・認識方法として今後に生きる。

　柱の指導言は，学習内容の質や時間との関係によって一つの授業に一つだけの場合もあれば二つ以上位置づく場合もある。

　〈b　助言（サポートの指導言）〉とは，「柱の指導言」を支え，子どもたちの学習をより細かくより丁寧に進め援助していく指導言である。「なぜ太一は瀬の主（クエ）をとらなかったのだろう」という学習課題だけでは，子どもたちは直感で答えるだけで，その根拠を発見できていない。そこで教師は「そのことが一番よくわかる部分はどこだろう？」「物語の前半にそれに関係しそうなところはある？」「終結部（エピローグ）を気にしている人もいるよ」などといった指導言を出す。同じく「ごんは人間にたとえると一体何歳なんだろう？」という柱の指導言の後に，たとえば「年齢が読みとれる言葉の横に線を引こう」「本文では『小ぎつね』ってなってるね。『子ぎつね』と『小ぎつね』とどう違う？」などといった助言を出す。「導入部分でメロスの家族構成が書かれているが，それは一体どんな意味があるの？」の後に，たとえば「『十六の，内気な妹』ってあるけど，七歳じゃいけないの？」「なぜわざわざ『内気』なんて書いてあるんだろう？」「『父も，母もない』なんていう設定にする必要はあるの？」などといった助言を出す。

　また，学習が進むなかで，それまでの読みとりを教師が整理することもある。「それはつまりこの後の事件展開に関係するということだね」「つまり，『十六』は，昔だと条件が整えば自立できる年齢。でも『七歳』は，いくら昔でも自立できないということだね。」

　さらに，読みとり中で教師は「よし，そこに気がついたのはさすが」「それだけしか読めない？」「なるほど」「すごい」などという励ましの助言も出す。

（2）　方法を教える助言と促し評価する助言

　さまざまな助言によって，子どもたちの学習活動を援助し，子どもたちに読む力をつけていくのだが，〈b 助言（サポートの指導言）〉は，さらに二つに分類できる。一つは，それを通じて子どもたちにその国語科固有の学習方法・認識方法を教え学ばせていく助言（a 方法を教える助言）である。「『子ぎつね』

と『小ぎつね』とどう違う？」「『十六の，内気な妹』ってあるけど，七歳じゃいけないの？」などがそれにあたる。「それはつまりこの後の事件展開に関係するということだね」といった整理も，そこに含まれる。（もちろん柱の指導言も，学習課題という形で国語科固有の学習方法・認識方法を教えている。）もう一つは，子どもたちの発言を励まし促し評価する助言である（β促し評価する助言）。「よし，そこに気がついたのはさすが」「それだけしか読めない？」「なるほど」などがそれにあたる。

　質の高い学習指導を展開するためには，柱の指導言によってその授業の学習課題を的確に示していくことが必要であるが，同時にこれら二つの助言——方法を教える助言・促し評価する助言を緻密に準備し，子どもたちを多様に援助していくことが必要である。

　「柱の指導言」および助言のなかの〈α方法を教える助言〉を準備するためには，何をこそ教え学ばせるかという教科内容の整理が必要となる。ごんの年齢やメロスの家族構成に着目するということは，「導入部分での主人公の人物形象に注目する」という読みの方法を学ぶことにつながっていく。「『子ぎつね』と『小ぎつね』とどう違う？」「『十六の，内気な妹』ってあるけど，七歳じゃいけないの？」という助言には，「他の言語表現・言語表現の可能性との差異を比較する」という読みの方法が含まれている。

　そして，これら国語科固有の学習方法・認識方法を教え学ばせていく指導言は，はじめは教師が計画的に子どもに与えていくものであるが，やがてはそれが子ども自身の力となり，〈子どもが自分自身で問いを作り出す〉〈子どもが自分で自分に助言を出す〉という状態にしていく必要がある。「ここでは，年齢に何か意味がありそうだ」「なぜ，わざわざ『十六歳』なんていう設定になっているんだろう」「なぜ，かえるくんとがまくんは，中身がわかっている手紙を四日間も待っていたんだろう」（A・ローベル「お手紙」）[6]などという問い・助言である。

　また，助言のなかの〈β促し評価する助言〉については，さまざまな形の促しの方法・評価の方法を教師は身につけていく必要がある。「なるほど」「うん，

よし」「いいね」「さすが」「すごい」などといった言葉単位の評価。「いや，それはなかなか質の高い見方だ」「それは，大学生なみの答えだね」「先生も気がつかなかった」などといった文単位の評価。また，教科内容に踏み込みつつおこなう「それは，つまり古典的な表現で雅な感じを出しているということだね。なるほど」「つまり，ここには隠された前提があるということか。すごい」などといった評価もある。笑ったり感心したり驚いたりといった顔の表情による評価もある。うなずいたり，拍手をしたり，肩をたたいたり，頭をなでたりという評価もある。その場での評価以外に，授業時間が終わった後に個別に評価する形，次の時間のはじめにクラス全体の前で「先生が前の時間に感心したことが，一つある」と評価する形もある。さらには教科通信・学級通信等による評価もある。もちろん，一方では間違いをただす評価，注意を促す評価，要求を含んだ評価なども必要である。

3　指導言の三つの形態──発問・指示・説明

　機能とは別にその形態に着目することでも，授業の質を上げることができる。〈柱の指導言〉そして〈助言（サポートの指導言）〉のなかの〈a 方法を教える助言〉については，〈発問〉〈指示〉〈説明〉という三つの形をとることができる。

　〈a 発問〉とは，文字通り問いを発すること。子どもたちに質問するという形をとりながら指導をしていくのである。たとえば「『十六の，内気な妹』ってあるけど，七歳じゃいけないの？」が発問である。言うまでもなく，この質問は，知らない者が知っているものに発するものではない。一定程度答えないしはその方向を知っている教師が，まだそれを追究していない子どもたちに，質問という形式を使ってより主体的な追究を促すのである。

　〈b 指示〉とは，何々をしなさいという形で子どもたちの行動・思考を促すことである。たとえば「『十六』と『七歳』とではどう違うか，ノートに二つ以上書きなさい」がそれである。

　〈c 説明〉とは，教師が子どもたちに教科の内容について解き明かすことで

ある。「『十六』は，昔だと条件が整えば自立できる年齢だよね。でも『七歳』は，いくら昔でも自立できない。つまり兄のメロスがずっとついているしかない」などがそれである。

　〈発問〉は，質問という形で対話の形をとりながら，子どもたちに主体的に思考することを促す。〈指示〉は，具体的な学習手順を示すことによって，子どもたちの思考を促す。そして〈説明〉は，教師が一方向的に子どもたちに学習内容を示す。ただし，だからといって，〈発問〉はよい。〈説明〉はよくない——などというわけではない。授業では，これら三つの形態がうまく組み合わせられることで，指導がより大きな効果を発揮する。〈説明〉だけの授業では困るが，前提となる知識を与えたり，要所要所で教師が学習内容を整理したりする場合には，ぜひ〈説明〉が必要である。〈発問〉は対話を成立させ，子どもたちの主体的な思考を促すが，〈発問〉だけでは学習が整理されず，学習内容の定着がおろそかになる危険がある。前提となる知識もおざなりになってしまう。

　だから，１時間の授業の計画を立てる際に，どこで〈発問〉という形態を使い，どこで〈指示〉という形態を使い，どこで〈説明〉という形態を使うかを意識化することが必要である。「ここでは，発問がぜひ必要である」「ここで説明をしておかないと，混乱する子どもが出てくるはずだ」「ここでは指示をして２分間子どもたちに考えさせよう」などというようにである。また，終わった授業を検討する際にも「〈説明〉が多すぎて，〈発問〉が少なかった」「あそこではグループの話し合いを〈指示〉した方がよかった」等の分析が可能となる。

4　子どもの発言・つぶやき・表情，そして子ども集団を把握する

　今まで述べてきた指導言は，授業以前に十分準備・計画をしておく必要がある。質の高い授業を展開するためには，綿密な準備・計画が必要である。

　しかし，子どもたちは予測と違った反応を示すことがしばしばある。授業は，その予測と違った反応を生かすことで，より豊かなものになってくることがあ

る。だから，教師は授業中の子どもたちの発言・つぶやき・表情，子ども集団
の変化等を瞬時に理解・吟味し，それに対応しながら指導していくことが必要
である。また，指導計画そのものを一部組み替えていくことが必要な場合もあ
る。一方ではそういった機敏性・柔軟性を，教師は身につけなければならない。

5　学習指導の技術を磨く

（1）　教師の位置・姿勢・動き

　教師は学習指導の各場面場面で，教室のなかのどこに立っているべきかを意
識する必要がある。たとえば，教師の発問に一番前の席に座っている子どもが
答えようとしていたとする。そのときに教師はどこに立っていればいいのか。
もしも教師がそのすぐそばでその発言を受けていると，その子どもと教師だけ
の問答という状態になってしまう。二人の距離が近すぎるのである。そうする
と，他の子どもたちはその問答をよそよそしく感じてしまう危険がある。だか
ら，そういう場合，教師はその子どもからできるだけ離れた位置に移動し，多
くの子どもたちを二人の間にはさむ形で問答をするとよい。

　ただし，声が小さい子どもの場合にはそういうわけにはいかない。その場合
教師はその子どものそばで発言を聞く。そして，教師がその子どもの発言を全
体に再度言い直してあげる。ただし，教師はその子どものそばへ近寄りながら
も，姿勢や視線は他の子どもたちの方に向けておく必要がある。

　また，教師が発問をする際も，教室の前方中央にしっかりと立っておこなう
場合と，あえて教室の後に周り子どもたちの後方から挑発的におこなう場合な
どと，その発問によって区別する必要がある。特定のグループや子どもに出し
ている助言でも，それをわざと学級全体に聞こえるように出す場合と，当該の
グループや子どもにだけ聞こえるように小さな声で出す場合とを区別する必要
もある。発問だけでなく指示や説明，2で述べた評価の際にも，以上のような
配慮が必要である。

　机間指導についても，何のためにどの子どもをねらって回るか。どの順番で
回るか。また，子どもによって前から近づくか後から近づくか。どのくらいの

距離で指導をするか――などといったことを意識することも大切である。

（２）　教師の視線と表情，身ぶり・手ぶり

教育実習で学生たちがとまどうのが，子どもたちの視線である。日常生活のなかで一度に40人近くの人たちから一斉に注目されるという経験を，普通はしていない。だから，学生たちがそういうとまどいをもっても不思議はない。

しかし，教師は学習指導において，子どもたちの視線をしっかりと受けとめ，こちらからも確かな視線を送ることができないといけない。教師の視線が子どもたちに向けられることによって，子どもたちと教師が対話的に学習指導を展開できるようになる。子どもたちの集中力も保たれる。発問・指示・説明などの際にもどういった視線でおこなうかによって，その効果は大きく違ってくる。

また，教師が視線を送ることで，教師自身が子どもたちの状況を的確に把握することができる。「慶子さんは理解できていない」「今の発問の意味は半分の子どもにしか伝わっていない」「健一くんは集中力が薄くなってきた」

同じ視線でも，ただ子どもたちの方を向いているだけではいけない。一瞬そこで視線を止め，一人ひとりの子どもの視線を確かにとらえる。そして，視線で対話をする。スポーツにおける「アイコンタクト」に近い。

視線という場合，子どもたちの視線のあり様にも気を配る必要がある。授業の要所要所では，教師は子どもたちの視線を意識的に集める。授業のスタート，柱となる指導言や重要な助言が出されている時，教師が説明をしている時，クラスメイトが発言をしている時等，ポイントとなる場面ではどこに視線を送っていたらよいのかを指導する必要がある。「はい，先生を見てごらん」「今は，黒板を見よう」「まだ見てない人がいるよ」

視線と同時に，教師の表情，手ぶり・身ぶりも大切である。

（３）　教師の声と話し方

教師はいくつかの声を使い分ける必要がある。

たとえば，声の大小，強弱，高低。教師は大きな声をはっきりと出せないといけない。声が小さかったりくぐもっていたりしたのでは，指導言が有効に作用しないことがある。かといって，いつも大きな声をはっきりと出すだけでは

国語科学習指導案

2018年 5 月14日（月）第 2 校時
○○県○○市立○○小学校 5 年 1 組：男子15名・女子16名，計31名
指導者：阿部　昇

1．単元・教材：説明的文章の読解：説明型「魚の感覚」（末広恭雄）
2．単元の目標
（1）問題提示には「大問題提示」と「小問題提示」とがあることを学ばせる。
（2）「柱の段落」と柱以外の段落との論理関係を把握させながら，語彙の上位・下位を学ばせる。
（3）論理関係の吟味の方法「他の解釈の可能性を無視していないか」を学ばせる。
3．単元の位置と子ども
　　これまで子どもたちは，説明文の典型構成「前文・本文・後文」は学んできた。「前文」には問題提示の役割があることも学んでいる。しかし，問題提示には，文章全体にかかわるものと，文章の一部分にかかわるものとがあることは，まだ学んでいない。そこで本単元では〜（中略）
　　また，構成部分の骨格となる「柱の段落」についても既に学んでいる。しかし，〜（中略）
　　そして，本単元で初めて文章吟味のなかでも，論理の不十分さを発見する方法を学ばせる。（中略）
　　学級は，落ち着いており学習に前向きに取り組む。しかし，まだ共同して学習を〜（中略）
4．教材について
　　「魚の感覚」は，説明文教材として構成も論理関係も典型性をもっており，5 年で初めて学ぶ説明的文章教材としては適当である。ただし，第 2 段落を前文に含めるかどうかで迷う可能性がある。その迷いを生かしながら，前文の問題提示の役割に気づかせたい。（中略）
　　また，本教材には，本文 2 の観察（前提）とそこから導き出せる推理との間に不整合がある。鱒という特定の魚の観察結果からただちに魚全体の性質を推理しているという不整合である。その不整合を吟味の方法を使いながら〜（中略）
5．単元の指導計画
（1）表層の読み：①題名の読みとり ②教師の朗読 ③語句の確認　　　　1・2 校時目
（2）構成の読み：①前文の決定（大問題提示と小問題提示の関係）　　　3 校時目
　　　　　　　　　②本文 1 ／本文 2 ／本文 3 の把握（14段落の検討が中心）　4 校時目
（中略）
6．本時の指導計画（本時は，(2) の①・3 校時目）
（1）本時のねらい
　　①問題提示には本文全体に関係する「大問題提示」と一部分だけに関係する「小問題提示」とがあることを学ばせる。
　　②グループでの学習が重要な位置を占めるので，まずはグループ内での話し合いで創造的な検討ができるようにする。
（2）指導過程

時間(分)	学習活動	形態	指導上の留意点	評価
0〜2 2〜8 8〜10	1）授業の導入 ①題名と筆者名の一斉読 ②説明的文章の典型構成の復習 ③本時の学習課題の確認 前文の問題提示の役割は何だろう	一斉 一斉 一斉	忘れている子どももいるので，4 年教材を思い出させる。	学習課題の意味を理解できているか。
10〜20 20〜35	2）前文と後文の決定 ①前文・後文を【各自で探す】 →【グループで話し合う】 →【グループの結論を板書】 ②全体で討論 まず，教師が結果を全体に明示。 その上でグループ相互に討論。	個別 ＋ グループ 全体 ＋ グループ	グループにより差があるので，遅いグループには前文の役割を助言。討論に参加できないグループがある場合，再度グループの話し合いをさせる。	文章中から根拠を見つけることができているか。

（以下省略）

いけない。小さな聞き取りにくい声でも，子どもたちが集中し話を聞くというように指導を進めていかなければならない。

スピード，抑揚，間なども意識する必要がある。特にスピードは重要である。速すぎると，教師の指導言が一部の子どもたちにしか理解されない。が，遅すぎると，かえって理解しにくい場合がある。集中力が切れてくることもある。また，間が全くとれない話，抑揚がほとんどない話も聞きづらい。同じことを話しても同じ指示を出しても，それらの違いによって全く効果は違う。

また，話の内容・構成なども重要である。教師が子どもたちに話（説明）をする場合，その題材，順序，具体度，用語などによって，大きくわかりやすさが違ってくる。

以上の他に，板書の技術，教材（教具）作成・提示の技術，座席配置の技術，ノート指導の技術——等のさまざまな技術がある。

6　学習指導案の作成

教師は，授業の質を上げるために，学習指導案を節目節目で作成してみる必要がある。自分の授業を対象化する，研究会などの際に授業研究をより有効に進めるなど，さまざまな効用がある。学習指導案は，一単元全体などを単位としたものもあるが，前頁には，一校時分の学習指導案の例を示した。

［阿部　昇］

注
（1）　学習集団の指導については，第4章第3節で詳しく述べられている。
（2）　『国語四年（下）はばたき』光村図書，2015年等。
（3）　『国語六年創造』光村図書，2015年。
（4）　『国語2』光村図書，2016年等。
（5）　『国語三年（下）あおぞら』光村図書，2015年。
（6）　『こくご二年（下）赤とんぼ』光村図書，2015年等。

参考文献
柴田義松編著『教育の方法と技術　改訂版』学文社，2015年。国語科教育に特化したものではないが，学習指導の方法がわかりやすく整理されている。

第3節　学習集団の指導

1　学習集団とは何か

　1960年代に，宮坂哲文はそれまでの画一的な一斉授業の弊害を乗り越えるものとして「分団学習」（班学習）を提唱した。それは学習小集団を使って学力の向上をめざす「学習運動」という側面が強かった。当時はまだ「学習集団」という言葉もなく，その概念も確立されていなかった。その後，班学習の実践が進むなかで，自治活動（訓育）とは区別される学習過程（教授）として学習集団の研究が展開されていった。その結果，班学習＝学習集団という理解は否定された。たとえば大西忠治は「学級には，『学習』（狭い意味では教科指導）のみが営まれているわけではない。しかも，大学における『講座』まで，さしとおして考えてみると，『学級』という概念では，『学習』のもっている集団的性格を考えることができないからである。むろん『学習集団』を小集団と考えることは論外である。」[(1)] と述べている。

　阿部昇は，学習集団（learning group）とは，「学習を目的とした集団のこと。学習者が複数存在する場合に，すでにそこには『学習集団』が成立しているといえる。授業を受ける際の学級がその代表的なものであるが，重要なのは『学習を目的とした集団』という視点で学級をとらえ直すことによって，その学級の学習過程における集団関係（相互作用）が明確に意識できてくるということである。そして教師がその集団関係を意図的に指導することが可能となってくるのである。子どもたちが協同して主体的能動的な思考活動を展開しながら教材に働きかけ，それによって学習内容の獲得をより深くより客観的に全員で実現していける，そういう学習集団を教師は指導しつくりだしていく必要がある。」と述べ，「そのために教師は発問・指示・説明などの指導言を，教科内容に即して工夫する必要がある。また，必要に応じて，個人学習と集団学習をつなぐ小グループを組織したり，学習リーダーを指導したりすることも必要となる。いずれにしても，学習集団の指導は，本来的にその教科内容に従属して行

われるべきものである。」[(2)] と規定している。

　阿部の規定に従えば，通常の学級だけでなく総合的な学習の時間に編成される集団や学級を離れて編成される選択教科のクラス，あるいは習熟度別学級なども学習を目的としている集団であれば，それは学習集団であるということになる。

　吉本均は『教授学重要用語300の基礎知識』（明治図書，1981年）のなかで「学級はそのまま学習集団ではない。また学習集団は，班学習・小集団学習という学習の形態を意味しない。学習集団とは，みんなでわかりあう授業の創造を目指す目標概念である。」と述べる。そして，「子どもたちの学習を知的・情動的行為として導きだし，組織していく過程は，基本的にいって，次の二つの組織化過程から成立してくる。その一つは，学習に対する自治的・集団的な規律を組織化する過程であり，他の一つは，発問と問いかけ（資料提示・説明などを含めて）を系列的に組織していく過程である。」[(3)] と主張する。また，「班と班との競い合いを組織化するという教師の指導，つまり，媒介的指導によってのみ，子どもたちを自主的・共同的な学習行為にむかってたちあがらせることが可能になる」[(4)] とも述べている。

　この二つの規定の違いは，第一に，阿部が「学習を目的とした集団が学習集団である」とするのに対して，吉本は「学習内容・教師・子どもが主体的にかかわって集団的にわかりあう授業を作り出すことが学習集団である」とする考え方である。阿部は現にある学習集団から出発し，吉本は主体的な授業創造の目標概念であると規定している点に違いがある。

　第二に，両者とも教科内容に即した指導言（発問・説明・指示・問いかけ）を重視していることは共通であるが，吉本は自治的・情動的な規律を組織化する過程を一方の柱に据えており，授業規律や発言組織，宿題などの点検，わからない子どもへの援助，ときには日直による授業点検などを学習活動のなかに持ち込む結果となった。阿部はそれらをすべて排除しているわけではないが，本来的に教科内容に従属するものととらえている点が異なるのである。

　第三に，阿部は学習小集団の活動を個人学習と集団学習をつなぐ学習機能と

位置づけ，必要に応じて指導するものとしているのに対して，吉本は学習小集団の組織化を共同的な学習を成立させるために欠くべからざるものと位置づけている。「機能」ととらえるか「組織」ととらえるかの違いである。

2　国語授業と学習集団

2017年に，「生きる力」を指針として学習指導要領が改訂された。前回の学習指導要領（2008年 3 月）では，「基礎・基本と活用」が重視された。「基礎的・基本的な知識及び技能を確実に習得させ，これらを活用して課題を解決するために必要な思考力，判断力，表現力その他の能力をはぐくむ」ことが強調された。今回の改訂では，これを発展させ，「『主体的・対話的で深い学び』の実現に向けた授業改善（アクティブ・ラーニングの視点に立った授業改善）を推進することが求められる。」（学習指導要領総則解説）として，「生きる力」の充実をめざそうとしている。

学習指導要領には，「学習集団による学び」という文言が書かれているわけではない。しかし，「アクティブ・ラーニングの視点に立った授業改善」によって「主体的・対話的で深い学び」が提起された今，それを積極的に進めてきた「学習集団づくり」が改めて見直されるべきであろう。

その点で，「異質協同」の学習集団づくりは非常に効果的である。子どもたちが個人や小グループのなかでさまざまな意見を出し合い，全体で討論しながら学習を深める過程で思考力や判断力が鍛えられ，コミュニケーション能力やクリティカル・リテラシーを身につけていくことができるからである。

最近の学校をめぐる状況は，子どもたちの生きる力・学ぶ力が衰え，「学級崩壊」や「授業の不成立」が起こっていることが憂慮されている。国語の授業も例外ではない。特に班学習やグループ学習を導入すると，授業への集中が薄れ，果てしない無駄話や立ち歩きなどによって授業が成り立たなくなるといわれている。そういう場合，グループ学習の導入は 1 時間に 1 〜 2 回程度を目安とし，話し合いや討論によって授業内容を深める必要があるときに限定するような工夫も必要である。しかし，学習小集団の指導によって，話し合いや討論

を通して授業を活性化させ，学習内容を主体的に深化させることは，学習集団の成立にとって極めて有効な方法である。

　授業不成立を乗り越えて，生き生きとしたわかる国語授業をつくり出すためには，すぐれた教材とその教材で「何をこそ教えるべきか」という教科内容を明確にして教材分析をおこなう必要がある。それに基づいて指導言を組み立て，授業を焦点化しながら，指導技術を工夫して学習集団を形成していかなければならない。現在，授業づくりにとって課題となっているのは，教科内容の明確化，指導言の組み立て，学習集団の指導の3点と考えられる。

3　学習集団の指導——小集団指導に即して

　学習集団＝学習小集団でないことはすでに述べた。しかし，学習小集団は個人学習と集団学習を結ぶ一つの方法であり，特に全員参加の話し合いや討論の指導に有効な指導形態である。それによって「伝え合う力」も養成される。

（1）　学習小集団の編成

　1グループの人数は，経験的にみて4～5名ぐらいが適当である。学級に生活班がある場合は，それを学習小集団として使うか，一班の人数が多ければそれを二分して使うとよい。教科担任制の場合には，座席の近いところで学習班をつくる。やがて，学習集団の活動と質が高まれば，教科独自の学習班を組織する。

（2）　学習リーダーの選出

　学習小集団には学習リーダーを置く。最初は生活班の班長に兼任させるか，最近の子どもたちの状況を考えれば，アトランダムにジャンケンなどによって学習リーダーを決めて出発してもよい。交替してやっていくうちに，積極性や発言力のある者を話し合いや互選によって選ぶことができるようになる。その際，「この前の君の発言，すばらしかったよ。今度学習リーダーを引き受けてくれると，先生はうれしい」というように個別的に働きかけていくとよい。

　やがて学習集団の活動が活発になり，質が高まれば，教科的力量のある者が学習リーダーになっていくだろう。（大西忠治は，教科的力量をもった学習リーダ

ーを「学習ガイド」と呼んで，学習リーダーと区別した。(5)）さらに学習集団のレベルが高まれば，学習ガイドは表面から退いて，班の学習リーダーを援助する関係をつくり出すことができるようになっていく。

（3）　学習リーダーの指導

学習集団の指導は，組織的な指導と学習的な指導の両面をもつ。授業のはじめや学習小集団を活動させるときに学習リーダーを集めて具体的な指示を与えることから始めるとよい。授業外に「学習リーダー会」を開いて指導する形もある。

組織的な指導とは，学習リーダーに行動を促す指導である。たとえば，「三つ指示します。①班全員の意見を聞くこと。②発言するときは全員で挙手すること（全員挙手。発言する人をあらかじめ決めておく）。③時間が足りないときは，『時間をください』と言うこと」などと指示する。

学習的な指導とは次のようなことである。授業内容がわかる・わからないを確かめる。多様な意見を出させる。特に，他の発言に対する賛成と反対意見，納得できる・納得できない点を明確にする。相手に問いかける，などである。しかし，これらをやり切るのは大人でも難しい。最初は教師が丁寧に指導していく必要がある。たとえば「先生が説明したこと，わかったかな？」，「ハイ，今の意見について質問・疑問」，「反対の意見を出してください」などと子どもたちに問いかけ，一つひとつ取り立てて指導していくことが大切である。やがて，先生に言われなくても，学習リーダーが自分でやれるように育てていくのである。

学習リーダーの指導で特に大切なことは，次の3点である。①間違いを恐れず先頭に立って行動し，発言する。②班員に働きかけ，励ます。③先生に相談し，援助を求める。学習リーダーの指導は学習集団の要である。

（4）　話し合い・討論の指導

学習集団の話し合いでは，問答とグループ討論がポイントになる。問答から話し合いや討論へ発展させていくのである。

問答は，教師の問いかけに子どもが答える形である。問い「この物語に登場

する人物を３人あげると？」，答え「ゆみ子・お父さん・お母さん」。問い「『一つの花』の『一つ』から読み取れることは？」この問いからはさまざまな意見が出されるだろう。問答から話し合いへの発展である。

　話し合いや討論では，教師の指導性がポイントになる。子どもたちの自由な意見を出させるだけでは討論は成立しない。①発言を促す②発言を整理する③対立や論点を明確にする④発言を評価するなどの指導言を適切に駆使する必要がある。班内の話し合いをもとに，全体で討論する方式（討論の二重方式）を導入し，授業内容を深化させる。子どもには発言する際に，①賛成です②反対です③付けたします④別の意見です，などと相手にからんでいく話し合いのスタイルをつくり出す。こうして，話し合いから討論へ発展させる道筋をつけていくのである。

（５）　評　価

　学習集団の活動を活発にするには，評価がポイントになる。「今日は全部の班が発言できたね。すばらしい」，「大きな声で言えたね。よくわかったよ」，「Ａ君の答えは間違いだったけれど，話し合いが深まったし，正しい答えの理由がはっきりわかったね」などと肯定的な評価を大切にする。最近の子どもたちは否定されるとポキンと折れてしまう。否定的な評価に耐えられるのは，学習集団の質が高くなってからの話である。　　　　　　　　　　　　　［小林　義明］

注
（１）　大西忠治『教育技術著作集第６巻・学習集団とは何か』明治図書，1991年。
（２）　阿部昇「学習集団」岸本弘・柴田義松他編『教育心理学用語辞典』学文社，1994年。
（３）　吉本均編『学習集団づくり』明治図書，1971年。
（４）　吉本　均「学習集団における競争とは何か」吉本均監修『学習集団研究２』明治図書，1974年。
（５）　大西忠治『学習集団の基礎理論』明治図書，1978年。

参考文献
大西忠治『学習集団の基礎理論』明治図書，1978年。学習集団の指導を理論化したもの。後に，『教育技術著作集』の第６・７巻（明治図書，1991年）でさらに新しい理論と実践展開をおこなっている。

第4節　国語科教育の評価

1　「観点別学習状況の評価」の立場で

　国語科教育の学習とはどうあるべきなのか。国語科教育の評価とはどうあるべきなのか。この二つは一体の問題である。こうした目標に準拠した，「観点別学習状況の評価」の立場で，以下，学習と評価をめぐる問題を考えていきたい。

　ある文章を提示して，みなさん方に問題を提起することから始めよう。

> 小池さんは国語の研究会に行きました。
> そこで出会った人に，「わたしは小池です」と自己紹介しました。

　仮に学習対象者を中学3年生と想定して考えてみよう。

　あなたは，この文章を「読むこと」の教材として教えるとしたら，どのような授業を構想するだろうか。そしてあなたはその授業によってどのような国語の学力を育てようとするだろうか。それをどのように評価するだろうか。

2　「何を学習と評価の対象にしたらよいのか」をめぐって

　〔知識及び技能〕に関わる新出漢字の学習や言葉の意味の学習が必要ならば，もちろんそれらは「読むこと」の学習の課題になりうるし，評価の対象にもなりうる。こうしたことが「読むこと」の学習にとってかけがえのないことであると判断されるならば，学習と評価の対象にすることにためらうことはない。しかし，中学校3年生を対象とした場合，一般的には先の教材による，このような〔知識及び技能〕の学習は「読むこと」の評価の対象にはならない。

　では，何を「読むこと」の学習の対象にし，何を「読むこと」の評価の対象にしたらよいのだろうか。「品詞の識別をしてみましょう」ということを学習と評価の対象にしようとするかもしれない。しかし，これでは〔知識及び技能〕の学習にはなるかもしれないが，「読むこと」の学習と評価の対象にはな

らない。

そこで,「みなさんにも自己紹介をしてもらいましょう」ということを学習と評価の対象にするかもしれない。しかし,これでは,「話すこと・聞くこと」の学習にはなるかもしれないが,「読むこと」の学習と評価の対象にはならない。さらに,この教材は,それだけでは「話すこと・聞くこと」の何を学習の対象にするのかが不明確であるから,そのことが明確に示されなければ,そうした学習にとってもきわめて不十分なものである,と言わなければならない。

では,こう考えたらどうだろう。「よく分からないことは何か」を問いかけ,洗い出させ,よくわかるようにしていくことを学習と評価の対象にしていくというように,である。「国語の研究会は何処でおこなわれたのか」「参加人数は何人か」「そこにいる人々と小池さんの関係はどのようなものか」「出会った人とは誰だったのか」などが問題にされよう。しかし,この2行の教材文では,わからないことの指摘はできるが,したがって,そのレベルでの評価は可能ではあるが,どのようにそうした疑問に答えたらよいのかは,不明である。文章としての情報不足を批判の対象にすることはできるが,それ以上,考えようがない。言いっぱなしになる。「読むこと」の学習と評価のポイントを「分かる」ことをめぐって設定するのならば,こうした教材文の扱い方ではそうしたことには向かわないのである。

四つの「読むこと」の学習と評価のあり方を例示した。それらにはどのような問題点が現れているのだろうか。一つ目と二つ目は「語学優先主義」の問題点が現れている。三つ目は「活動優先主義」の問題点が現れている。四つ目は「情報優先主義」の問題点が現れている。それらは「優先」=「自己目的化」ということが問題なのであって,「語学」「活動」「情報」ということを「読むこと」の学習のなかで問題にすること自体がいけないのではない。こうしたことが「読むこと」をめぐる学習の対象になることはありうる。そうであるならば,評価の対象にもなりうる。問題のポイントは,読んで「分かる」こととの関連性にあるのである。

3　「気づく」ことで「さらに分かる」こと

　さて，あなたはこれ以外にも思いつくかもしれない。いや，あなたはこの文章には「読むこと」の学習の対象などないと，心の中でつぶやいているかもしれない。〔知識及び技能〕（漢字，言葉の意味，文法，その他の国語の常識とされていること）との対応という点では，そう言ってもよいかもしれない。

　しかし，果たしてそうか。

　もう一度，問う。あなたはこの教材で何を学習と評価の対象とするのか。

　こう問い直されたとき，「わたしは小池です」の「は」に注目すると言った途端に事態は一変するのではないだろうか。そうだとしたならば，「『は』を『が』に置き換えたら，この文章から『分かる』ことはどのように違うのか」と問いかけることを起点にして，１時間の授業を構想することができる。この試みは読み深める力に関わり，その評価は自ら気づき，考える力を育てようとすることに向かっていく。このように表現に「気づく」ことは，表現によって「考える」ことを喚起し，「読むこと」のかけがえのない評価の対象となる。

　では，この例文の場合，具体的にはどういうことになるのか。

　「は」の場合は，小池さんは国語の研究会に集まった人々の多くが自分（小池）のことを知らないと判断している，となる。「が」の場合は，小池さんは国語の研究会に集まった人々の多くが自分（小池）のことを知っていると判断している，となる。このように「は」と「が」の使い分けに「気づく」こと，そして「考える」ことは「読むこと」の学習と評価のポイントとなる。この文章の文脈を読み深めていくことになるからである。

　こうした学習と評価は，言葉によって世界が開かれることを期待し，表現に「気づく」こと，表現によって「考える」ことで「さらに分かる」ことを求めている。「気づく」ことは「考える」ことに向かっていくが，それは「読むこと」の学習における「言語活動」の評価にとっても重要なポイントになる。

　なお，評価は教師による評価のみならず，学習者自らが学んだことを自己確認できることでなければならないということも，併せて提起しておきたい。

4 「夏草や兵どもが夢の跡」で「気づく」,「考える」

　中学3年生の教材「夏草や兵どもが夢の跡」は松尾芭蕉の紀行俳文「奥の細道」に収められている句である。「平泉」という表題で，この句の前後の文章とともに教材化されている。この句の学習と評価では「気づく」こと,「考える」ことという点で，どのようなことが問題になるだろうか。

　学習と評価の問題のポイントは,「夏草」と「兵どもが夢の跡」の関係性に「気づく」こと,「考える」ことにある。どのように気づかせるかはこの項では取り扱わないが,「夏草」は，今，目の前に，生い茂っているが,「兵ども」は目の前には姿を現してはおらず（兵が活躍したのは遠い昔のことになってしまっており),「夢の跡」となってしまっている。ここにこの句の表現に「気づく」ことの一つのあり方が示されている。この対応からどのようなことが読めてくるのか。「や」の効果にしても，そうした学習の文脈のなかで問題化されていくだろう。このようにして表現によって「考える」ことへ展開していく。こうした学習が「分かる」ことから「さらに分かる」ことへの学習の展開に対応している。

　国語科教育は「日本語」の教育である。そうした言葉に関わる教育にとって表現に「気づく」こと，表現によって「考える」ことは教科の成立と意義にとって，生命線となっているのである。

5　国語科教育の学習と評価は，ともにトライアングル構造

　以上の提起は，〔知識及び技能〕を踏まえて「分かる」こと,「気づく」こと,「考える」ことによって,「さらに分かる」こと（〔思考力，判断力，表現力等〕の「読むこと」の領域における「指導事項」）の，二つのレベルで「読むこと」の学習と評価をとらえることを提起することになる。

　このことは,「話すこと・聞くこと」「書くこと」の領域に置き換えて言えば,「できる」ことと「さらにできる」ことと言い換えることができる。また，これらの学習領域においても「分かる」ことと「さらに分かる」ことという学習と評価は問題にされなければならない。「聞くこと」にも「書くこと」にも

「読むこと」と同様の側面が潜在しているからである。（紙面の都合で「読むこと」の学習と評価の問題で指摘した「分かる」ことと「さらに分かる」ことの問題は「国語科教育」というように視野を拡大したときに「分かる／できる」ことと「さらに分かる／さらにできる」ことの問題となることに関しての詳しい説明は割愛せざるをえない。）

　では，〔知識及び技能〕の学習と評価の問題はどうなるか。これは「分かる／できる」ことの前提である。学習の場においては両者の関係は双方向的であること，そのことによって〔知識及び技能〕は言語行為に生きて働く，「さらに」に関わる力として育てられていくのである。

　「言語活動」の評価の問題について付言するならば，こうした側面は学習の始まりだけではなく，「さらに分かる／さらにできる」ことの過程でも観察されなければならない。「言語活動」を「言葉の力」と並列的にとらえることは，このことを隠蔽してしまうことになるのである。

　国語科教育の学習と評価について整理して提示するならば，次のようになる。

> ①〔知識及び技能〕を前提としての「分かる／できる」言葉の力
> ②「気づく→考える」ことによって「さらに分かる／さらにできる」言葉の力
> ③〔知識及び技能〕という文化・教養の基礎力としての言葉の力

　この三つはトライアングルの三つの頂点であり，相互に関連し合っている。関連性が機能するようなカリキュラム開発が求められる。「言語活動」の評価の問題は三つの「言葉の力」の相互関連性のなかに内包されているので，評価の項目としては表示しない。このように把握しないと，その評価は「やる気」一般の問題になってしまうからである。

6　国語科教育の評価をめぐる改善と課題

　文部科学省の「指導要録の改善通知」（2001年4月）によって，目標に準拠した絶対評価による観点別学習状況の評価という方針が打ちだされ，「①関心・意欲・態度　②思考・判断　③技能・表現　④知識・理解」の四つの観点が示さ

れた。そうであるにもかかわらず，その意を受けた国立教育政策研究所の「参考資料」（2002年2月）では，国語科の評価の観点は「①国語への関心・意欲・態度 ②話す・聞く能力 ③書く能力 ④読む能力 ⑤言語についての知識・理解・技能」の五つが示された。両者を比較してみれば一目瞭然のように，後者には「思考・判断」の項目が割愛され，国語科の評価の観点は学習指導要領の指導事項に即してつくられていることがわかる。

　こうした事態は，2017年の学習指導要領の改訂によって，解消された。〔知識及び技能〕，〔思考力，判断力，表現力等〕，〔学びに向かう力，人間性等〕という三つの「資質・能力」がすべての教科で育成されていくことが求められ，指導事項として〔知識及び技能〕と〔思考力，判断力，表現力等〕が具体的に提示されているからである。国語科でも，〔知識及び技能〕においては「言葉の特徴と使い方」，「情報の扱い方」，「言語文化」の指導事項が示され，〔思考力，判断力，表現力等〕においては「話すこと・聞くこと」，「書くこと」，「読むこと」の指導事項が示されている，というようにである。したがって，文部科学省では「評価の観点については，『知識・技能』『思考・判断・表現』『主体的に学習に取り組む態度』の3観点に沿った整理を検討していく必要」があると指示している。例外とする教科はなく，である。大きな改善である。なお，文部科学省は「『学びに向かう力，人間性等』に示された資質・能力には，感性や思いやりなど幅広いものが含まれるが，これらは観点別学習状況の評価になじむものではないことから，評価の観点としては学校教育法に示された『主体的に学習に取り組む態度』として設定し，感性や思いやり等については観点別学習状況の評価の対象外とすべきである」としている。これも適切な指示である。

　前項における「言葉の力」のトライアングル構造とは〔知識及び技能〕と〔思考力，判断力，表現力等〕と相互関連性に留意しての提起である。

　そのうえで一点，付言しておく。「資質・能力」の汎用性にのみに目がいって，「国語科」で育成すべき「資質・能力」の固有性を看過してしまうことがないように，これは学習指導要領が想定している事態ではない，と。このこと

をしっかりと踏まえることが，「主体的・対話的で深い学び」には求められている。「言語活動」はあるが，そのことが学力向上に結びつかないという事態に陥らないために，である。そのためには，言語表現に焦点をあてた教材研究が大切である。本項の最後にこのあたり前のことを強調しておこう。

［須貝　千里］

参考文献

田中実・須貝千里編『文学が教育にできること―「読むこと」の秘鑰〈ひやく〉』教育出版，2012年。

須貝千里「世界観認識として，「予測困難な時代」を問い質して―「資質・能力」としての〈第三項〉論と「故郷」（魯迅）の「学習課題」の転換」『日本文学』2017年8月号。

田中実・須貝千里・難波博孝編『第三項理論が拓く文学研究／文学教育』明治図書，2018年。

須貝千里「「おうち」と「おうち」の〈交流と断絶，衝突〉，今日の「国語科」の課題―〈困った質問〉がひらく（開く／拓く）文学作品の「教材研究」と〈単元〉の始まり，〈主体〉の再構築のために―」『国語教育思想研究』第20号，2020年5月。

第5節 「言語活動」の充実と国語科

1 「言語活動」の充実―2017年学習指導要領

　2017年告示の小学校・中学校学習指導要領では，2008年に続き「言語活動」の充実が強調されている。「思考力，判断力，表現力等を育む」際に重視すべきこととして位置づけられている。ただし，今回は「主体的・対話的で深い学びの実現に向けた授業改善」をおこなうなかで「言語活動」を充実させるという文脈になっている。2017年学習指導要領の総則では次のように述べられている。（小学校を引用。中学校もほぼ同じだが「児童」が「生徒」に替わる。以下同様。）

> 児童の発達の段階を考慮して，児童の言語活動など，学習の基盤をつくる活動を充実するとともに，家庭との連携を図りながら，児童の学習習慣が確立するように配慮すること。

　これに対応して，各教科で「言語活動」を重視する形になっている。ただし，「言語活動」として示されているのは国語科だけである。学習指導要領・国語では，「目標」に「言葉による見方・考え方を働かせ，言語活動をとおして，国語で正確に理解し適切に表現する資質・能力」を育成すべきことが明記されている。算数・数学科については「数学的活動」が示されている。それ以外の教科は「課題を追究したり解決したりする活動」（社会），「見通しをもって観察，実験を行うことなど」（理科）　などが示されている。

　国語科については「言語活動」として，次のようなものが例示されている。

> ・質問するなどして情報を集めたり，それらを発表したりする活動。(小3・4話聞)
> ・記録や報告などの文章を読み，文章の一部を引用して，分かったことや考えたことを説明したり，意見を述べたりする活動。(小3・4読)
> ・学校図書館などを利用し，事典や図鑑などから情報を得て，分かったことなどをまとめて説明する活動。(小3・4読)

・それぞれの立場から考えを伝えるなどして話し合う活動。(小5・6話聞)
・事象を説明したり意見を述べたりするなど，考えたことや伝えたいことを書く活動。(小5・6書)
・説明や解説などの文章を比較するなどして読み，分かったことや考えたことを，話し合ったり文章にまとめたりする活動。(小5・6読)
・それぞれの立場から考えを伝えるなどして，議論や討論をする活動。(中2話聞)
・社会生活に必要な手紙や電子メールを書くなど，伝えたいことを相手や媒体を考慮して書く活動。(中2書)
・本や新聞，インターネットなどから集めた情報を活用し，出典を明らかにしながら，考えたことなどを説明したり提案したりする活動。(中2読)
・提案や主張など自分の考えを話したり，それらを聞いて質問したり評価などを述べたりする活動。(中3話聞)
・情報を編集して文章にまとめるなど，伝えたいことを整理して書く活動。(中3書)
・論説や報道などの文章を比較するなどして読み，理解したことや考えたことについて討論したり文章にまとめたりする活動。(中3読)
・詩歌や小説などを読み，批評したり，考えたことなどを伝え合ったりする活動(中3読)

(「読むこと」は「読」，「書くこと」は「書」，「話すこと・聞くこと」は「話聞」)

　「発表」「説明」「書く」等の表現に関わる言語活動，「話し合う」「議論」等の学び合い・対話に関する言語活動，「編集」「比較」「引用」等の言語活動などが特徴的である。また「評価」「批評」「意見を述べたり」「討論」など自らの見解・判断を示す要素が重視されている。さらには「情報」「電子メール」「インターネット」「新聞」などメディアに関わる要素も明確に位置づく。

　これら「言語活動」は，各学年の「話すこと・聞くこと」「書くこと」「読むこと」それぞれについて，(1)の指導事項の後に(2)として位置づけられ「(1)に示す事項については，例えば，次のような言語活動を通して指導するものとする。」とされている。つまり，各学年の各分野の指導事項つまり教科

内容の指導の具体例として示される形となっている。

　同学習指導要領・総則で「言語活動」は次のようにも位置づけられている。

言語能力の育成を図るため，各学校において必要な言語環境を整えるとともに，国語科を要としつつ各教科等の特質に応じて，児童の言語活動を充実すること。

　「言語活動」は，言語能力の育成を図るためのものであり，特に「国語科を要」と述べている。学習指導要領・総則で特定の教科を「要」とまで指摘するのは異例のことである。国語科教育の重要性が改めて強調されたことになる。

2　「言語活動」を国語科で生かすためにはどうしたらいいのか

　すでに述べたように2017年告示の小学校・中学校学習指導要領では，2008年学習指導要領以上に「言語能力」の育成が強調されている。国語科については，それに対応するように「事柄の順序」「情報と情報の関係」「理由や事例」「原因と結果」「具体と抽象」「文章と図表」「論の進め方」「根拠の適切さ」「情報の信頼性の確かめ方」「批判的に読み」「登場人物の相互関係」「登場人物の設定」「表現の効果」「比喩，反復，倒置，体言止めなどの表現の技法」などが位置づけられている。

　「言語活動」はそれらの能力をより確かにより豊かに育てるかたちで充実させる必要がある。それは，もちろん「思考力，判断力，表現力等」を育てることにつながっていく。それによりこれまで十分に育てることができていなかった文章・作品の構造や仕掛けをメタ的に把握する力，主体的に探究し判断し評価し表現する力などを，子どもたちにより有効に身につけさせることができる。その際に教師が留意すべきは，その単元その時間で身につけさせる国語の力の具体を明確に意識することである。

　たとえば「スイミーの心情の変化をつかませる」という目標（ねらい）だと，抽象的過ぎて，その授業でいったいどういう指導をしどういう読みとり（解釈）を引き出し，それを通じてどういう国語の力をつけていくかがよくわから

ない。物語「スイミー」（レオ・レオニ）は，導入部に「みんな赤いのに，一ぴきだけは，からす貝よりもまっくろ。」という人物紹介がある。スイミーの黒さを紹介する一文だが，ここには七つ以上のレトリックや工夫がある。そこまでして強調したスイミーの「くろ」は，クライマックス「みんなが，一ぴきの魚みたいにおよげるようになったとき，スイミーは言った。／『ぼくが，目になろう。』」で生きる。その教材研究ができれば，たとえば「導入部の人物設定が，山場のクライマックスで伏線として大きな意味を発揮することを学ぶ」などの目標（ねらい）が設定できる。そのうえで必然的に求められる「言語活動」を設定していくのである。たとえば一人ひとりの思考とグループでの話し合い，全体での意見交換を立体的に生かす形の言語活動を選択するわけである。（「言語活動」が「例えば」と例示されていることにも着目すべきである。例示を参考にしながら，多様な「言語活動」を各地域・各学校で開発する必要がある。）

3　「言語活動」の充実と活動主義の陥穽

　国語科では「言語活動」が示されたことで，本を紹介したり物語の感想を述べ合うなどの授業が増えてきた。本を紹介するためのリーフレットやガイドブック作り，紙芝居や音読劇の創作，感想発表会などの授業も出てきている。

　それによって子どもたちがより意欲的に国語学習に取り組むようになったという側面がある一方で，リーフレット作りや紙芝居作りなどが自己目的化している授業も少なくない。それらの活動に関わる時間や指導の負担の大きさのために，国語の力にとって重要な文章・作品の読み深めや子ども相互の文章・作品についての豊かな意見交換が，事実上軽視されるという事態も起こっている。「活動あって学びなし」という活動主義的な状況である。

　そうなる原因は，国語科の教科の性格にも関わる。国語科は，その単元その時間で子どもたちに身につけさせる力，つまり教科内容の把握が難しい。たとえば小説「走れメロス」（太宰治）を読ませることでどういう力をつけるのか，論説文「『鳥獣戯画』を読む」（高畑勲）を読ませることでどういう力をつけるのか，意見文を書かせることでどういう力をつけるのかなどが意識しにくい。

そういった教科の弱点と，提示された「言語活動」例とがあいまって，活動主義的な状況が生まれてきたと考えられる。

　その陥穽に落ちないためには，すでに述べたとおりその単元その時間で子どもたちに身につけさせる国語の力の具体を，教師が明確に意識することが求められる。もう一つは，授業のなかで子どもたちに徹底して「言語」にこだわらせていくことが重要である。それにより確かでより豊かな国語の力が身についていく。

　そこで着目すべき「言語」には2種類ある。一つは文章・作品（教材）としての「言語」である。文章・作品（教材）の一語一文に徹底的にこだわることを指導するのである。教師は常に「その根拠は本文のどこにある？」と子どもに問うていく必要がある。もう一つは子どもたちの解釈としての「言語」である。文章・作品（教材）を自分自身はどう読んだか。どういう言葉でそれを表現し友だちに伝えるか。また，友だちはどう読んだか，どういう言葉でそれを表現しているかにこだわらせることである。2種類の「言語」を意識させつつ，授業を展開することで，確かな国語の力が身につく「言語活動」の授業となる。

4　言語活動は内言の外言化

　「言語活動」の前提として「思考力，判断力，表現力」が位置づいていることはすでに述べた。「表現」は言語を使うが，「思考」「判断」も言語によって成立している。思考・判断は頭のなかで現象するものだから，通常私たちは意識しにくい。しかし，思考も判断も言語によりおこなわれている。ただし，私たちが話したり書いたりする際に使う「外言」とは違う，「内言」という言語によって成立している。[1]内言は外言を省略し短縮したものだから，思考・判断は見事な速さをもっている。ただし意識化という点では外言に比べ弱さがある。

　だから，たとえば自分の考えを誰かに説明するという「言語活動」によって，内言を再構成し外言化していく。内言を整理し構造化し対象化していくともいえる。話し合いや書くことなども同様である。内言の外言化，つまり整理，構

造化，対象化によって，子どもたちの学びはより確かでより豊かなものとなる。

　これはどの教科にもいえることだが，国語科の場合は内言の外言化によって「読む力」「書く力」「聞く力」「話す力」がより確かに身についていく。その観点で「説明」「書く」「話し合う」「議論」「編集」「比較」「評価」「批評」等の言語活動を生かすことで有効な指導のあり方が見えてくる。　　　　　　［阿部　昇］

注
（1）　これについては，レフ・セミョノヴィチ・ヴィゴツキー（柴田義松訳）『新訳版 思考と言語』新読書社，2001年（原著は1934年）に詳しい。

参考文献
高木まさき『国語科における言語活動の授業づくり入門─指導事項の「分割」と「分析」を通して』教育開発研究所，2013年
「読み」の授業研究会編『国語科の「言語活動」を徹底追究する─学び合い，学習　集団，アクティブ・ラーニングとしての言語活動』学文社，2015年

第6節　「主体的・対話的で深い学び」と国語科

1　「主体的・対話的で深い学び」とは何か

　2017年告示の小学校・中学校学習指導要領で「主体的・対話的で深い学び」
が前面に位置づけられた。学習指導要領の総則・第1には「主体的・対話的で
深い学びの実現に向けた授業改善を通して」「基礎的・基本的な知識及び技能」
を習得させ「思考力，判断力，表現力等」を育むとある。2017年学習指導要領
作成に向けて示された中央教育審議会答申[1]では「アクティブ・ラーニング」
とされていたものが，「主体的・対話的で深い学び」として位置づいた。

　同総則・第3の「1主体的・対話的で深い学びの実現に向けた授業改善」に
は次の記述がある。（小学校を引用。中学校も以下の部分は同じだが「児童」が
「生徒」に替わる。）

> 児童の主体的・対話的で深い学びの実現に向けた授業改善を行うこと。
> 　特に，各教科において身に付けた知識及び技能を活用したり，思考力，判断力，
> 表現力等や学びに向かう力，人間性等を発揮させたりして，学習の対象となる物
> 事を捉え思考することにより，各教科の特質に応じた物事を捉える視点や考え方
> （以下「見方・考え方」という。）が鍛えられていくことに留意し，児童が各教科
> 等の特質に応じた見方・考え方を働かせながら，知識を相互に関連付けてより深
> く理解したり，情報を精査して考えを形成したり，問題を見いだして解決策を考
> えたり，思いや考えを基に創造したりすることに向かう過程を重視した学習の充
> 実を図ること。

　目を引くのは「見方・考え方」であるが，これについては，第2章・第1節
の国語では「言語による見方・考え方」が位置づいている。

　「主体的・対話的で深い学びに向けた授業改善」について次のように続く。

> 言語能力の育成を図るため，各学校において必要な言語環境を整えるとともに，
> 国語科を要としつつ各教科等の特質に応じて，児童の言語活動を充実すること。

　教育課程全体を通して「言語能力」を育てようとしていること，「主体的・対話的で深い学び」と「言語活動」の充実を密接に関わらせようとしていることが読みとれる。また「国語科を要」からは言語重視の姿勢が見てとれる。

2　「主体的な学び」を国語科としてどうとらえるか

　2017年小学校・中学校学習指導要領解説の総則編（以下「解説・総則編」）では「主体的な学び」「対話的な学び」「深い学び」それぞれについて①～③として総括的に述べている部分がある（小学校と中学校は同一の記述）。

　「主体的な学び」については，次の視点に立った授業改善を求めている。

> ①　学ぶことに興味や関心を持ち，自己のキャリア形成の方向性と関連付けながら，見通しをもって粘り強く取り組み，自己の学習活動を振り返って次につなげる「主体的な学び」が実現できているかという視点。

　（1）子どもの興味・関心の重視，（2）キャリア形成，（3）学習の見通しと振り返りの三つの要素を位置づけている。他の箇所には「主体的に挑戦」「自主的，自発的な学習が促されるように工夫」などの記述もある。

　「興味や関心」や「自主的，自発的な学習」それ自体は歓迎すべきことである。ただし，そのレベルで「主体的な学び」をとらえているだけでは，子どもが積極的な態度で授業に臨んでいるかだけを問う態度主義が広がる危険がある。「主体的な学び」を保障する学びの内実こそが重要である。その点で「見通し」と「振り返り」は，比較的具体的といえる。1時間の授業での「見通し」「振り返り」と同時に，単元を通した「見通し」「振り返り」にも留意する必要がある。

　「見通し」については，授業や単元冒頭で子どもが疑問をもつなかで，学習課題が設定されていく授業がイメージできる。課題を追究する過程で，新たな問いが生まれるようにすることも重要である。「太一が瀬の主（クエ）を撃たなかったのはなぜか」（立松和平「海の命」），「『ごんぎつね』のクライマックスはどこか」（新美南吉「ごんぎつね」），「なぜ筆者は大豆の調理のくふうをこの

順序で説明したのか」（国分牧衛「すがたをかえる大豆」），「筆者の仮説に納得できるかどうか考えよう」（辻大和「シカの『落ち穂拾い』」）などの課題である。

「振り返り」も，ただ授業を振り返り復習するというだけでなく，その授業・その単元で学んだことを，ある程度まで認識方法として概念化させることが重要である。また，これまでの学びと関連づけたり，次の学びにどうつながる可能性があるかを予想することも含む。「導入部の人物設定がクライマックスに関係することがわかった」「展開部の人物の発言が山場で生きる」「それを『伏線』と言う」「読者にわかりやすいように説明の順序を工夫している」「グラフ相互の矛盾を見つける」など，より汎用性の高い読みの方法として一般化・概念化する。そこまで意識することで次の教材でもそれが使える。

それらを重ねることで，子どもたちに系統的に国語の力が育っていく。それにより教師待ちでない，自力で課題を見つけ出し，自力で読んだり書いたり話したり聞いたりできる子どもとなっていく。それこそが主体的な学び手である。

「キャリア形成」については，解説・総則編に「学ぶことと社会との接続を意識」「社会的自立・職業的自立」「将来の生活や社会と関連づけ」などの記述がある。重要なのは，子どもに今学んでいることが，自分が生きることとどう関わるかを意識させることである。職業等にも関わるが，生活者として主権者として必須の学力・能力を授業で身につけていることを，教科の具体に即して意識させる必要がある。国語科では「なぜ国語の授業があるのか」「なぜ説明的文章を学ぶのか」「なぜ文学を学ぶのか」「なぜ書く力が大切なのか」「なぜ討論をする力が必要なのか」などについて，まず問いや疑いをもつことが大切である。それを機会あるごとにさまざまな角度から考え追究させる。

社会や世界はすべて言語を鍵として成り立っている。だから，確かで高い言語の能力がなければ，子どもは，将来社会や世界の政治や経済，言論・文化，科学・技術などに主体的にアクセスできない。それは全教科・全分野にわたることであるが，言語の能力そのものを育てる国語科の役割は大きい。解説・総則編でも「言語能力を育成する中核的な教科である国語科を要として各教科等において言語活動の充実を図る」とある。

そのためにも，まずは教師自身が「なぜ学ぶのか」「なぜ国語の授業が必要なのか」等について，妥協せずに追究し続けることが求められる。

3　「対話的な学び」を国語科としてどうとらえるか

「対話的な学び」については，次の視点に立った授業改善を求めている。

> ②　子供同士の協働，教職員や地域の人との対話，先哲の考え方を手掛かりに考えること等を通じ，自己の考えを広げ深める「対話的な学び」が実現できているかという視点。

　（１）子ども相互の協働，（２）教職員や地域の人との対話，（３）先哲の考え方の三つの要素を位置づけている。三要素のなかでも子ども相互の協働の部分が，これまで弱かった。「対話的な学び」では，どのように子ども相互の関わりを創り出し，「主体的な学び」「深い学び」につなげていくかが重要となる。解説・総則編には「思考・判断・表現の過程」として「目的や状況等に応じて互いの考えを伝え合い，多様な考えを理解したり，集団としての考えを形成したりしていく」とある。いずれにしても，何のための対話かが明確でないと，対話自体が自己目的化する活動主義に陥る危険がある。

　「対話的な学び」でまず注目すべきは子どもの発言・説明自体がもつ積極的意味である。子どもの思考は内言によりおこなわれる。内言は主に述語によって働き，概念の短縮や自明の前提の省略がおこなわれる。そのため内言の働きは速いが，「自分のための言語」[2]であるため意識化が弱い。それを誰かに説明しようとすると省略・短縮を復元する必要がある。説明の順序も意識する必要もある。この過程で子どもは自らの思考を再構築し意識化する。それにより学びは高まり確かなものとなる。だから，授業ではすべての子どもに発言の機会を与えることが重要なのである。また，対話はその場で聞き手が反応してくれる。外言化を助けてくれることもある。そのうえで子どものやりとりが始まる。

　対話の過程は次の四つに整理できる。[3]
　a　異質で多様な見方・考え方を交流していく過程

　　b　連鎖的・誘発的に見方・考え方を生んでいく過程

　　c　一貫性・共通性を見いだしていく過程

　　d　相違・対立を論争的に解決・止揚していく過程

　ab は見方を拡大する過程，cd は見方を収束する過程である。グループや学級全体の対話（話し合い・意見交換・討論）を指導する際にこれらの特徴を把握しておく。そして，それぞれの対話を上記のいずれを重視しておこなわせるかを意識しつつ指導する。それにより発問・指示，助言等の在り方が違ってくる。たとえば前半では拡大させる過程を重視し，後半では収束する過程を重視する。

　「スイミー」（レオ＝レオニ）のクライマックスとしてA「それから，とつぜん，スイミーはさけんだ。／『そうだ。みんないっしょにおよぐんだ。海でいちばん大きな魚のふりをして。』」と，B「みんなが，一ぴきの大きな魚みたいにおよげるようになったとき，スイミーは言った。／『ぼくが，目になろう。』」が出てくる。まずは，理由を多様に本文から探し出す。A は「一緒に泳ぐという大切な言葉がある。」「直前に『考えた』が三回繰り返され，さけんだがある」などの読みが出てくる。B は「目になることで怖がっていたスイミーが成長する」「目がないとまだ大きな魚に見えない」などが出てくる。異質な読みが出し合わされ，連鎖的に読みが広がる。このこと自体大切な学びの過程である。そのうち「導入部に『みんな赤いのに，一ぴきだけは，からす貝よりもまっくろ。』って黒が強調されているから目が大切」「『泳げるようになったとき』って言っているから，それまではまだ大きな魚みたいに泳げていない」などの読みが出てクライマックスは B らしいとわかってくる。収斂・止揚である。

4　「深い学び」を国語科としてどうとらえるか

　「深い学び」は，次のような視点に立った授業改善を求めている。

　③　習得・活用・探究という学びの過程の中で，各教科等の特質に応じた「見方・考え方」を働かせながら，知識を相互に関連付けてより深く理解したり，情報を精査して考えを形成したり，問題を見いだして解決策を考えたり，思いや考えを

> 基に創造したりすることに向かう「深い学び」が実現できているかという視点。

　（1）「見方・考え方」を働かせる，（2）知識を相互に関連づける，（3）情報を精査し考えを形成する，（4）問題を見いだし解決策を考える，（5）思いや考えを基に創造するの五つの要素を位置づけている。「主体的・対話的で深い学び」はもともと「アクティブ・ラーニング」を言い換えたものとして学習指導要領に位置づいている。その意味で教育方法・学習過程という面が強いはずだが，「深い学び」が「見方・考え方」と関わり示されたことで，教科内容的要素も含まれることになる。いずれにしても「深い学び」のとらえ方は難しい。意外な発言や珍しい見方を，十分な検討のないままに尊重していくといったアナーキーな過程を「深い学び」と勘違いする危険がある。

　注目すべきは「見方・考え方」である。これは，各教科で核となるより高次の教科内容・認識方法である。国語科については「言葉による見方・考え方を働かせ，言語活動を通して，言葉の特徴や使い方などを理解し自分の思いや考えを深める学習の充実を図ること」とあり，さらに2017年小学校・中学校学習指導要領解説・国語編（以下，「解説・国語編」）では次の記述がある（小学校を引用。中学校も以下の部分は同じだが「児童」が「生徒」に替わる）。

言葉による見方・考え方を働かせるとは，児童が学習の中で，対象と言葉，言葉と言葉との関係を，言葉の意味，働き，使い方等に着目して捉えたり問い直したりして，言葉への自覚を高めることであると考えられる。この「対象と言葉，言葉と言葉との関係を，言葉の意味，働き，使い方等に着目して捉えたり問い直したりする」とは，言葉で表される話や文章を，意味や働き，使い方などの言葉の様々な側面から総合的に思考・判断し，理解したり表現したりすること，また，その理解や表現について，改めて言葉に着目して吟味することを示したものと言える。

　解説・総則編の「知識を相互に関連付ける」そして解説・国語編の「言葉と言葉との関係」「総合的に思考」は，言語の論理関係をとらえることと関わる。

言語を文脈的・構造的・俯瞰的にとらえることとも関わる。それらを通じ法則性や一貫性をとらえることも含まれる。物語・小説の構造を俯瞰的に読む過程もこれに対応する。たとえば「ごんぎつね」の導入部の「ひとりぼっちの小ぎつね」という人物設定が，展開部で「おれと同じひとりぼっちの兵十か」という共感につながるという伏線の読みがそれである。文脈的・構造的に作品を読むことで，プロットの仕掛けや面白さが豊かに立ち上がる。「なぜ筆者は大豆の調理のくふうをこの順序で説明したのか」の検討も，文脈的・構造的な学びである。

　解説・総則編の「情報を精査し考えを形成」「問題を見いだして解決策を考え」「考えを基に創造」そして解説・国語編の「判断」「吟味」は，言語を評価的・批判的にとらえることと関わる。また，それに基づき自らの見方や仮説・代案を創り出すこととも関わる。たとえば「読者が理解しやすいよう説明の順序を工夫していること」に気づく，「グラフ相互を比較し筆者の論証が不十分であること」を指摘するなどの学びである。また，リライトしたり代案を考え出したりするなどの学びである。

　これらは，いずれも「言葉による見方・考え方」という高次の認識方法につながるものである。　　　　　　　　　　　　　　　　　　　　　　［阿部　昇］

注
（1）　中央教育審議会答申『幼稚園，小学校，中学校，高等学校及び特別支援学校の学習指導要領等の改善及び方策等について』2016年
（2）　レフ・セミョノヴィチ・ヴィゴツキー（柴田義松訳）『新訳版　思考と言語』新読書社，2001年（原著は1934年）
（3）　阿部昇『確かな「学力」を育てるアクティブ・ラーニングを生かした探究型の授業づくり—主体・協働・対話で深い学びを実現する』明治図書，2015年

参考文献
阿部　昇『確かな「学力」を育てるアクティブ・ラーニングを生かした探究型の授業づくり—主体・協働・対話で深い学びを実現する』明治図書，2015年
全国国語授業研究会他編『国語授業における「深い学び」を考える—授業者たちの提案』東洋館出版社，2017年

第5章　新しい国語科の授業実践

第1節　読書へのアニマシオン

1　アニマシオンの意義・目的

　「読書へのアニマシオン」は，読書をする子どもたちを育てるために，スペインの民間人によって始められた読書指導の一つの方法であり，広義には，その方法を学ぶ教師や大人の養成をも含む，一種の読書運動である。本書第2章第7節「読書指導・読み聞かせ」でも述べたように，読書指導は，日常生活における読むことについてのあらゆる活動にかかわる幅の広いものである。しかし，日常生活のなかで現れるさまざまな読むことのうち，アニマシオンが扱うのは，私たちが自主的におこなう，あるいは自分で好んでおこなう，自由で自然な読書である。情報を操作していくための調べ読みや，実用的な読書，あるいは受験勉強に必要な読みといったものは含まれない。したがって，アニマシオンでは，まず，できるだけ自然な形での読書をおこない，子ども自身が読書をしてよかったと思えるような経験を積み重ねさせていき，結果として読書が身についている子どもを育てることを目的とする。

　そのため，アニマシオンでは，次のようなことに注意する。①教科書ではなく，普段の読書で用いるような本を用いる。②本の一部ではなく全部を扱う。③本のコピーはしない。なぜなら，子どもにとってコピーは学習のために教師から与えられることが多く，コピーした途端に本は自由読書の対象ではなく，勉強の道具になってしまうからである。④子どもは教師によって本を読むことを強制されない。⑤参加したいという子どもだけがアニマシオンに参加する。⑥アニマシオンで，教師が評定をおこなってはならない。

　これらの条件を満たすのは，現状では非常に難しいことであろう。作戦を実

行する教師は「アニマドール」と呼ばれ，教師とは区別されている。スペイン
で約10年にわたって「アニマシオン」に取り組んできている学校では，普段の
授業と区別するために，学級担任や教科担任以外の教師がアニマドールを務め
ていた。自由で自然な読書を意図的な授業という営みに持ち込むことがいかに
難しいかということの証明であろう。

　岩辺泰吏[1] や川田英之[2] などの実践は，学級の全員が参加しながらも，普通
の国語科の授業とはかなり違った雰囲気をつくり出し，アニマシオンを自由読
書に近い状況にすることを試みている。自由で自然な読書を育てるという目的
をはずさないようにして工夫することが，アニマシオンには必要である。

2　アニマシオンの指導過程・指導方法

　アニマシオンは，それ自体が指導方法集である。「作戦」と呼ばれる場があ
り，その場で子どもたちは自分が読んできた本について，質問に答えたり話し
合ったりすることで，本を読む楽しみを味わったり本の読み方を自然に学んだ
りする。

　アニマシオンは，幼児から高校生さらには大人まで幅広い年齢や読書レベル
の人たちを対象としている。ここでは一般的な指導過程を示すが，作戦や対象
としている子どもの年齢や読書レベルにより，その過程は違ったものになる[3]。

① 　アニマドール（教師）がアニマシオンで扱う本を決めて，子どもたちに
　　紹介する。「この本で遊びたい人（アニマシオンをおこないたい人）は，読ん
　　できてください。」と言って，アニマシオンをおこなう日時を告げる。この
　　段階は通常，本を読んだ記憶が薄れない2週間前までであることが多い。
　　参加する子どもたちがそれぞれ本を読んでこられるように，冊数を準備し
　　ておく。

② 　子どもたちが本を読んできて，アニマシオンに集まる。

③ 　本の内容を簡単に要約する。この段階は，本の内容を思い出すためのも
　　ので，作戦によって，アニマドールがおこなう場合もあれば，子どもがお
　　こなう場合もある。また，この過程自体が不要な場合もある。

④　アニマシオンを実行するためのカードを配る。通常，カードには子ども一人に一つずつ別々の質問が書かれている。子どもはその質問に責任をもって解答しなければならない。質問は「じょーじがバスにのったのはどこですか」「二日目のばんに，じょーじがねむったのはどこですか」などというものが多い。

⑤　カードが配られたら，子どもたちは一人で黙って解答を考える。考える過程で，読書のさまざまな面を学ぶことになる。

⑥　子どもたちは，自分に割り当てられたカードの質問を読み上げ，考えた解答を述べる。子どもが述べられない場合や誤答であった場合は，アニマドールはいきなり正解を言わず保留しておき，次の子どもに次の自分自身の質問に対する解答を言わせるようにする。子どもたちの質問と解答で，本の全体像やポイントが浮かび上がるようになっている。

⑦　全員の子どもが答え終わったら，アニマドールは，答えられなかった子どもに解答をもう一度聞く。最初に答えられなかった場合でも，他の子どもたちの質問と解答を聞いているうちに，解答がわかってくることが多い。

⑧　それでも，答えられない場合は他の子どもたちに聞く。他の子どもたちは，この段階までは，自分の質問以外の質問について発言してはならない。

⑨　全員の質問が解決したら，その本について自由に話したいことを話し合う。アニマドールが「登場人物のなかでだれが好きですか」などと，カードの質問に関することを話し合わせるように導く場合もある。

⑩　次のアニマシオンの予定があれば，使う本を示す。

アニマシオンでは，アニマドールが直接「こういう読み方をしなさい」ということを教えることはない。「今日はこういうことを学びましたね」というような「まとめ」もしない。しかし，ゲームを楽しんでいるうちに，子ども自身が，このように読むといいのかとか，こういうことに気をつけると面白いなあということに気づいていくことが重要である。また，一緒に参加した子どもたちの解答や意見や考え方を聞いて，本に対する別の見方を手に入れていくということもある。作戦は読書のさまざまな側面を知らず知らずのうちに鍛えるよ

うにつくられているので，読書のさまざまな側面を子どもが学んでいくのである。したがって，このような間接的な指導方法が効果を発揮するためには，頻繁でなくともよいので，継続的に作戦をおこなっていくことが大切である。

　指導過程の最後⑩には，次のアニマシオンの予告が含まれている。アニマシオンの経験が増えると，子どもたちがアニマシオンの実施を楽しみにするようになる。楽しみにするようになると，そのために本を読んでこようという気持ちが芽生えてくる。この繰り返しによって，読書が身近なものになってくるのである。ここまできて，はじめて自由で自然な読書を身につけていくというアニマシオン本来の目的が達成できるのである。

3　アニマシオンの読書指導方法としての論点
（1）　子ども中心か教師中心か

　この方法では，アニマドールは子どもに読書を強制してはならないことになっていて，徹底的に子どもの自主的な読書を大切にしているように見える。しかし，よく見てみると，どの本を読むか選ぶのはアニマドールであり，どのような作戦を扱うかを決めるのもアニマドールである。作戦の実行において舵をとっていくのもアニマドールであり，カードを作成して何を（どのように）読ませるかを決めるのもアニマドールである。それらを直接的に子どもに示すのではなく，子ども自身に気づかせること，子ども自身が気づくまで待つというところで，子どもの自由で自然な読書を保障しようとしているのである。ここにアニマシオンの難しさがある。

（2）　個人読書か集団読書か

　従来の読書指導では，読書というものは本来は個人の行為であるから，個人の興味・関心から離れての読書指導はありえないとされてきた。アニマシオンでは，参加したいと考えた子どもたち全員が同じ期日までに同じ本を読んでくる。同じ本について話し合う。したがって，集団に着目した読書指導方法に見える。アニマシオンの作戦の過程をたどってみると，個人読書を非常に重要に取り入れていることがわかる。たとえば，作戦が始まる前に，アニマドールは

読み方を指示しない。子どもたちは個々に自分流の読み方で読んでくる。次に，一人ひとりに渡されるカードは別々の質問が書かれており，その質問について個人で責任をもって答えることが要求されている。集団での話し合いにしても，自分がこの本をどう思ったかを言う場面がある。すなわち集団による学習の特徴を備えながらも，個人の読書を大切にした指導方法であるということになる。

（3）　多読か精読か

　アニマシオンでは，アニマドールが提示した本をとにかく子どもが自分の力で読んでくることを基本とする。すなわち，多読の手法をとった方法だといえよう。しかし，一方では，一冊の本をさまざまな人の意見を聞きながらじっくり考えたり，ポイントを押さえた読み方を学んだりするわけであるから，精読をしているともいえる。従来の国語科の授業では，精読するのは教科書教材を中心とした文章に限られてきたという傾向がある。すなわち，アニマシオンでは，多読と精読を両方おこなうことができるのである。

＊

　以上のように，アニマシオンは，一見これまでの読書指導がおこなってきた，子ども中心・個人読書・多読を中心としてきた読書指導の枠組みを支持するように見えながら，実は，教師中心・集団読書・精読をも網羅しようとする方法である。このことが，国語科教育におけるアニマシオンの授業の新しさであり，提案性であり，可能性であるといえよう。

4　アニマシオンを効果的にするために

　最後に，アニマシオンを効果的にするためには，計画性や継続性が重要だということに触れておきたい。

　ここまで，1冊の本を読んでくるという作戦にのみ焦点をあててきたが，アニマシオンには絵（本）を使った作戦や詩を使った作戦など，読んでこなくてもよいものもある。しかしこれらの作戦は，やはり読書をするということの一環として，扱われているのである。絵を読んだり，絵とテキスト（文章）を結びつけたりすることは，絵本や本を読んでいくうえで重要なことであり，詩を

楽しむ心は，読書を楽しむ心に結びつく。そのような視点からこれらの作戦を扱うことが必要である。

　アニマシオンは，長期的な見通しのもとに築かれた読書指導の方法である。子どもが自分自身で本を読み，その面白さに気づき，読書を身近なものとして自分の内部に入れていくための，長い道のりを支えていく方法である。したがって，アニマシオンをおこなう際は，できるだけ長期的な見通し（計画性）をもつことを期待する。たとえば，絵を読んだり詩を読んだりすることが，この長い道のりのどこに位置づくのか，アニマドールは常に意識をしてほしい。単発でアニマシオンを授業に取り入れても，子どもたちは楽しむし，それなりに授業は「盛り上がる」。しかし，単発的な活動で生まれた読書への興味は，やはり単発で終わってしまうのである。計画性をもつのが難しければ，せめて継続性をもってほしい。

　現実的な路線として，筆者は1年に3回アニマシオンをおこなうことを薦めている。たいていのアニマシオンは1校時分あればできる。1学期に1校時分をやりくりすることは，何とかできるであろう。3回あれば，子どももアニマシオンを単発のイベントとして忘れてしまうことなく，意味のあるものとして感じ取ることができるのではないだろうか。読書を子どもが自分のものにするための，即効薬はない。しかし，地道な活動は必ず実を結ぶ。アニマシオンを本当に意味のあるものとするために，継続的な実施を期待したい。　　　　［足立　幸子］

注
（1）　岩辺泰吏『ぼくらは物語探偵団―まなび・わくわく・アニマシオン―』柏書房，1999年。
（2）　川田英之「文学的な文章の読書指導についての研究―教室用アニマシオンの構想」『国語教育研究　第102回全国大学国語教育学会発表要旨集』2002年。
（3）　M・M・サルト，宇野和美訳『読書へのアニマシオン　75の作戦』柏書房，2001年。

参考文献
M・M・サルト，宇野和美訳『読書へのアニマシオン―75の作戦』柏書房，2001年。アニマシオンの必携書。「作戦」という指導方法をマニュアル形式で紹介。アニマシオンの基本的な考え方についても触れている。

第2節　メディアリテラシーを育てる授業

1　メディアリテラシー教育

　近年,「メディアリテラシー」という言葉が注目されるようになった。「リテラシー」とは読み書き能力のことであるので,「メディアリテラシー」とは,いわば「メディアに関する読み書き能力」,すなわち「メディアについての基本的な能力」を意味する。

　メディアリテラシーという考え方は,アメリカのテレビ番組が多く入ってくるカナダで発展したものである。自らの文化を守るという観点から,テレビ番組を批判的に読み解く能力をつけることが重視されたことが,メディアリテラシーが注目された背景だ。こうした経緯があるため,メディアリテラシーという言葉は,テレビ等の映像メディアについて用いられることが多い。

　日本では,1990年代後半から,メディアリテラシー教育が話題になることが多くなった。これは,テレビ局の不祥事が次々と指摘されるなかで,テレビ局を規制するのでなく視聴者のメディアリテラシー向上をはかることが重要だとする主張がなされるようになったことが大きい。学校における情報教育の取り組みがすすんだこともあり,テレビ番組等を扱ったメディアリテラシーの授業が少しずつおこなわれるようになっている。

　典型的なメディアリテラシー教育の授業とは,たとえば次のようなものである。

　①**映像と音楽**　　同じ映像に異なる音楽をつけて視聴し,印象を比較する授業。私たちは素朴に,映像は真実を写していると思いがちだが,音楽によって大きく印象が異なることがわかる。

　②**昼の CM,夜の CM**　　テレビ番組中の CM 部分のみを視聴して,番組を推理させる授業。メディアの送り手はターゲットを意識して情報を発信していることがわかる。

　③**デジカメでニュース番組づくり**　　子どもたちが学校や地域を取材し,写

真とアナウンスでニュース番組風のプレゼンテーションをおこなう授業。「時間は1分, 写真は4枚」等, 条件を決め, 決められた条件のなかで表現させる。映像と音声言語を効果的に組み合わせることや, 短時間でわかりやすく伝えるための工夫のあり方を学ぶ。

④ニュース項目の順序　　ニュース番組で放映されたニュース項目を順序を変えて視聴し, 実際に放映された順序を推理させたり自分がニュース・デスクならどのような順序にするかを考えさせたりする授業。ニュース番組がどのような意図で構成されているかを考えさせる。

⑤ドキュメンタリー番組制作　　学校内や地域で子どもたちが実際にドキュメンタリー形式のビデオ作品をつくる授業。わかりやすく伝えるために, 必要な部分を強調し不要な部分を省略するということを学ぶ。時には, 「やらせ」なのか「演出」なのかが問われることもある。

　メディアリテラシー教育が扱う項目については, NHK が2001年度から放送していたメディアリテラシー教育番組「体験！メディアの ABC」の各回のテーマに凝縮して示されているといえる。この番組は, 小学校高学年を主な対象とし, 写真やテレビ等を中心としたメディアについての基礎と考えられる項目を網羅的に扱った番組だ。各回は, 子どもたちが教室でできる活動を紹介するコーナーと, 実際に仕事をしている人の活動を紹介する「メディアのプロ」のコーナーとから構成されている。毎回15分で年間20回分の番組が制作され, 各回のテーマは以下の通りであった。

　　映像の合成／メディア／アップとルーズ／組写真／インタビュー／写真と文章／キャッチコピー／ビデオの撮影／照明／録音／音響効果／ビデオの編集／インタビューの編集／ナレーション／コマーシャル／アニメーション／ボディランゲージ／演出／構成／手紙・電話・E メール

2　メディアリテラシーと国語科教育

　では, メディアリテラシーと国語科教育との関係は, どのように考えられる

べきなのであろうか。

　メディアとは情報を伝える手段であるから，言語もメディアの一種であるといえる。また，メディアのなかでさまざまな形で言語が使われていることから，メディアリテラシーと言語は密接な関係にある。他方，映像に関することがらやメディア産業のあり方等，これまでの国語科教育が扱わなかった内容もメディアリテラシーに関わっている。メディアリテラシーが扱う内容と国語科教育の内容との間には，密接な関係がありつつも，重ならない部分を残している。

　少なくとも言語に関わる点については，メディアリテラシーと国語科教育には密接に関わる。2017年に改訂された学習指導要領の記述のなかでは，以下の項目が，メディアリテラシーと密接に関わっているといえる。

・原因と結果など情報と情報との関係について理解すること。
・情報と情報との関係付けの仕方，図などによる語句と語句との関係の表し方を理解し使うこと。
・インタビューなどをして必要な情報を集めたり，それらを発表したりする活動。
・目的や意図に応じて簡単に書いたり詳しく書いたりするとともに，事実と感想，意見とを区別して書いたりするなど，自分の考えが伝わるように書き表し方を工夫すること。
・引用したり，図表やグラフなどを用いたりして，自分の考えが伝わるように書き表し方を工夫すること。
・本や新聞，インターネットなどから集めた情報を活用し，出典を明らかにしながら，考えたことなどを説明したり提案したりする活動。
・情報を編集して文章にまとめるなど，伝えたいことを整理して書く活動。
・論説や報道などの文章を比較するなどして読み，理解したことや考えたことについて討論したり文章にまとめたりする活動。

　メディアの種類としては新聞が中心に扱われている。新聞に関する指導としては，新聞社などが推進する NIE（Newspaper in Education ＝教育に新聞を）運動の一環として，新聞を活用した授業がすでにさまざまな形で展開されている。

具体的には複数の新聞を読み比べたり，特定のテーマについて新聞で調べたりといった授業がおこなわれている。今後，学習指導要領の改訂をふまえ，国語科教育のなかでこうした実践が広くおこなわれることが期待できる。

　メディアリテラシー教育の観点で考えるとき，特に複数の新聞を比較することが重要だと考えられる。比較検討することによって子どもたちは，同じ事実を取り上げても多様な伝え方がありうることや，各メディアがそれぞれ一定の意図をもって情報を構成していることを学ぶ。言葉を批判的に読み解くことによってこそ，国語科教育で求められる論理的な読み方や聞き方を学ぶことができるといえる。

　すでに，小中学校の国語教科書には，「パンフレットづくり」「ニュース番組づくり」「新聞づくり」といったメディアに関わる記述が多く掲載されている。これらは，上記の教育内容に対応したものといえる。パンフレット，ニュース番組，新聞といった実際のメディアを教材として扱うことによって，子どもたちの話す力や聞く力，書く力，読む力を向上させようとしていることがうかがえる。実際のメディアを教材とすることによって，子どもたちが興味をもって取り組むことが期待される。

　他方，言語に関わるメディアリテラシー教育を考えれば，国語科の学習指導要領や教科書がこれまで十分に扱っていない内容も見られる。たとえば，次のようなことがらである。

- ・テレビや新聞，広告といったメディアでは，キャッチコピーや見出し等，短い言葉で相手をひきつけることが重要である。コピーライターや新聞社の見出し担当者（整理係等）のように短い言葉で効果的に表現することが，現状ではあまり扱われていない。
- ・アナウンサーや記者が話したり聞いたりする際には，声の出し方や表情を意識したり相手との関係づくりに配慮したりといった努力がなされる。だが，話し方・聞き方における非言語的な意識や相手との関係といった点は，あまり扱われていない。

これらの内容はメディアリテラシー教育では扱われているが，すべて言語に

関わる内容であり，国語科教育でも積極的に扱われてよいはずであり，一部にはこれらを扱っている実践も見られる。

　キャッチコピーに関わっては，国語科教育において「コピー作文」という実践がなされている。1 行のキャッチコピーと数行の「ボディコピー」とによって，伝えたいことを表現させる作文指導である。

　非言語コミュニケーションについては，演劇の手法を取り入れた指導等がなされているが，アナウンサーや記者をゲスト講師として招くことによってプロの技術を直接学ぶ機会が増えてよいであろう。

3　国語科で映像をどのように扱うか

　メディアリテラシーに関わるのは言語ばかりではなく，むしろ映像が主に扱われる。では，国語科教育においては，映像はどのように扱われるのであろうか。

　従来から，言語に伴う写真や挿し絵やグラフは，国語科教育で扱われていた。言語に伴う視覚的な情報が言語とともに国語科教育で扱われることは，当然といえる。先にあげた「パンフレットづくり」や「新聞づくり」といった活動でも，写真等の視覚的な情報が言語とともに扱われる。

　だが，近年提案されているなかには，国語科の授業において映像自体を扱うものが見られる。たとえば，中村純子が提案している「映像文法」を扱う授業である（井上他，2001）。

　この授業ではまず，映像の単位が「カット」であり，「カット」がつながって「シーン」ができ，その連続によって「ストーリー」が生まれるという「モンタージュ理論」が説明される。

　次に，カメラワークの基本としての「ポジション」「アングル」「サイズ」が説明される。「ポジション」とはカメラの位置（主に高さ）のことであり，高い位置から撮影する「ハイ・ポジション」，目の高さの「アイ・レベル」等が扱われる。「アングル」とはカメラの（上下の）角度のことであり，上から下に向かって撮影する「ハイ・アングル」，水平に撮影する「フラット・アング

ル」等が扱われる。「サイズ」とはカメラが対象を切り取る範囲のことであり，遠方から状況全体を撮影する「ロング・ショット」，人物の胸から上を撮影する「バスト・ショット」等が扱われる。

　そして，数枚の絵を並べてストーリーをつくるという活動がおこなわれる。同じ絵でも，異なるストーリーのなかで使われれば意味が異なることが理解される。

　この授業が，メディアリテラシーの授業として成立することには疑いがない。この授業は，テレビ等の映像メディアのあり方の基礎を学ぶ授業といえるであろう。特に，カットを並べる順序を変えることで異なるストーリーがつくれるということは，子どもたちがテレビを見たり映像作品をつくったりする際に知っておくべき基礎といえる。

　だが，この授業が国語科の授業として認められるかという点については，意見が分かれるのではないか。テレビの登場によって，私たちの言語環境は大きく変わった。映像も言語の一種だととらえ，メディアリテラシー教育全般を国語科教育のなかで扱うべきだという立場もありうる。他方，映像を「読む」あるいは「書く」というのはあくまでも比喩であり，映像と言語は異なる。それゆえ，映像自体を扱う授業は国語科の授業ではないとする立場もありうる。

　日本におけるメディアリテラシー教育は，まだ歴史が浅い。だが，テレビや新聞に加え，インターネットや携帯電話等のメディアが普及し，こうしたメディアを的確に使いこなすことが，次代を担う子どもたちには重要である。メディアリテラシー教育は今後，学校教育において重要な位置を占めるであろうが，国語科教育との関係についてはさらに議論していくことが必要であろう。

〔藤川　大祐〕

参考文献
藤川大祐・塩田真吾編『楽しく学ぶメディアリテラシー授業』学事出版，2008年。
井上尚美・中村敦雄編『メディアリテラシーを育てる国語の授業』明治図書，2001年。
大内善一編著『コピー作文がおもしろい　新しい作文授業』学事出版，1997年。

第3節　NIE を生かした授業

1　NIE とは

　NIE（Newspaper in Education =「エヌ・アイ・イー」）は，学校などで新聞を教材として活用することである。広義には，子どもたちに生涯学習の基盤となる力である「情報活用能力」等を育成するために，教育界と新聞界が協力して，新聞教材の開発と活用の研究・普及をめざしておこなっている教育と定義される。新聞を活用する意義は，生きた教材を教育に導入することにある。自分たちが生きる社会を教材に，課題を見つけ，問いをもつ能力や多面的分析力を培う。NIE によって主に次のような効果が期待できる。

　①情報を基にして子ども自身が考え，判断し，表現する力を育成する。

　②問題解決能力や意思決定・価値判断する力を高める。

　③社会の出来事に関心をもち，社会参画能力や主権者意識，市民性の育成へと発展させる。

　④学校教育目標の達成と教育課程の実践を援助し，情報資料提供の場としての役割を担う。

　⑤日常的に活字に触れ情報活用の方法を知り，情報を選択・活用する技能や態度を育てる。

　⑥多様な新聞に触れ，発信の場を提供することで児童の学習意欲を喚起する。

2　学習指導要領との関連

（1）「総則」に新聞活用を明記

　2017年版学習指導要領において，全教科の指導方針を示す「総則」に，情報を活用する力を高めるために新聞を含む多様な資料を生かす方針が盛り込まれた。国語科では読解力を伸ばすための指導，社会科では産業や実社会の課題を考察するための学習材として新聞を用いるように明記された。

（2）学習指導要領での新聞に関する主な内容

2017年告示の小学校学習指導要領解説には，次のような記述がある。

【総則】 第3章 教育課程の編成及び実施　第3節 教育課程の実施と学習評価

1　主体的・対話的で深い学びの実現に向けた授業改善

（3）コンピュータ等や教材・教具の活用，コンピュータの基本的な操作やプログラ
　　ミングの体験（第1章第3の1の（3））（下線，太字は引用者）

> 各教科等の指導に当たっては，教師がこれらの情報手段のほか，各種の統計資料や**新聞**，視聴覚教材や教育機器などの教材・教具の適切な活用を図ることも重要である。各教科等における指導が，児童の主体的・対話的で深い学びへとつながっていくようにするためには，必要な資料の選択が重要であり，とりわけ信頼性が高い情報や整理されている情報，正確な読み取りが必要な情報などを授業に活用していくことが必要であることから，今回の改訂において，各種の統計資料と**新聞**を特に例示している。

（7）学校図書館，地域の公共施設の利活用（第1章第3の1の（7））

> これからの学校図書館には，読書活動の推進のために利活用されることに加え，調べ学習や**新聞**を活用した学習など，各教科等の様々な授業で活用されることにより，学校における言語活動や探究活動の場となり，主体的・対話的で深い学びの実現に向けた授業改善に資する役割が一層期待されている。

【国語科】　各学年における「言語活動例」

3・4年生	ア 調べたことをまとめて報告するなど，事実やそれを基に考えたことを書く活動。**学級新聞**や小冊子，リーフレットなど，日常生活で目にする形式にまとめること。
5・6年生	ウ 学校図書館などを利用し，複数の本や**新聞**などを活用して，調べたり考えたりしたことを報告する活動。

　このように，学習指導要領に新聞が明確に位置づけられたのは，新たな教育目標と新聞の教育効果が重なり，新聞の教材性が高く評価されるようになったからである。このことから，教師の新聞のとらえ方や見方，提示の仕方，活用方法により，学びを深める可能性の高い教材であると考えられる。

（3）学習指導要領改訂の趣旨と NIE

2017年の改訂では，「育成を目指す資質・能力」の明確化を図るため，すべての教科等の目標及び内容について，「知識及び技能」，「思考力・判断力・表

現力等」,「学びに向かう力・人間性等」の三つの柱で整理された。国語科の目標についても三つの柱に沿って目標が示されている。また,「知識及び技能」,「思考力・判断力・表現力等」の各指導事項については,言葉そのものを学習対象としている国語科で育成をめざす資質・能力が明確になるよう,次のように内容が改善された。①言葉の働きに関する事項の新設,②語彙指導の改善・充実,③情報の扱いに関する事項の新設,④学習過程の明確化,⑤「考えの形成」の重視。特に「語彙指導」や「情報の扱いに関する事項」においては,これまでに NIE や言語活動を通してすでに取り組みがなされてきたものであり,改めて意識することで,より効果が期待される。「語彙指導」においては,各学年に示された語句のまとまりを中心に,実際の場面での話や文章の中で使うことにより,自分の語彙を豊かにすることをねらいとしている。これは,文章のモデルとして新聞記事を活用することや,自分の考えを投書として新聞に投稿することを目的として実用的文章を書く取り組みによって育成できるだろう。「情報の扱いに関する事項」では,話や文章を正確に理解するために,情報を取り出して整理したりその関係をとらえたりすることや,適切に表現するために自分のもつ情報を整理してその関係を明確にすることができる資質・能力を育成することをめざしている。こういった力は,情報活用能力につながるものであり,NIE が資する場面が大きいといえる。

4　「主体的・対話的で深い学び」の実現をめざして

　小原友行は,2017年版学習指導要領の全面実施に向けて,今後求められる NIE の在り方について,次のように述べている。

　　NIE が求める「主体的・対話的で深い学び」とは,児童・生徒自身が主体的に発見あるいは選択した地域・日本・世界の今日的課題や人間の問題解決の姿を取り上げ,他者である意見や考えの異なる仲間と対話しながら,それらの原因や解決策を深く考え,より良い未来社会の実現を目指して行われる学習」であると定義しておきたい。そのような「深い学び」を引き出す NIE 学習の開発に大いに期待したい。(「学習指導要領と NIE」(2018年11月22日) https://nie.jp/study/)

　小原の考え方を換言すると，NIE における「深い学び」とは，各教科のね
らいを中核としながら，多様な資質・能力を育むことのできる言語活動の充実
として具体化されると考えられる。国語科では，教科の特性を踏まえ，言葉に
ついての思考や認識の深化をめざして言語活動を工夫することが「深い学び」
を促すポイントの一つになる。

　また，学習の中で児童・生徒自身が「問い」を見つけ，問題を解決する過程
において学習者同士で学び合い，考えながら言葉に表現していくことや，言語
化していく段階で教師や友だちが支え合う学習の場こそが，「主体的・対話的
で深い学び」を支える基盤にもなる。

5　NIE の具体的な指導法

（1）NIE を実践するために

　NIE を実践するうえで，児童・生徒が新聞に親しみ継続的に活動していく
ための工夫および環境整備をおこなう必要がある。また，活動内容を高めるた
めに各学年の発達段階に応じた指導体系の構築を図る必要もある。特に，下記
の視点を意識して実践をおこなうとよい。①発達段階に応じた指導体系の構築，
ア新聞に親しむ（新聞で遊ぶ），**イ新聞を読む (新聞で学ぶ・考える)**，**ウ新聞
で発信する（新聞で社会とつながる）**，②学習意欲喚起のための工夫，③各教
科・領域の特質に応じた言語活動の追究。

（2）国語科（小学校）における NIE 指導の実際

【小単元名】第5学年　新聞記事を読み比べよう（3時間扱い）

【本時の目標】記事や写真の関係に注意しながら，同じ出来事を報じた地元
　　　紙と全国紙を読み，共通点や相違点を明らかにして，見出しや写真をもと
　　　に書き手の意図を考えて比べることができる。

【NIE としての授業の観点】見出しやリード，写真などから多面的・多角的
　　　に考察することにより，二つの記事の共通点と相違点をとらえさせる。

【指導計画】本事例の NIE「新聞機能学習」「新聞活用学習」

重点指導事項：学習指導要領【知識及び技能（2）情報の扱い方に関する事項イ】

「情報と情報との関係付けの仕方，図などによる語句と語句との関係の表し方を理解し使うこと。」

時	主な発問	学習活動／○児童の反応	留意点／○資料等
1	・新聞の特徴や役割を考えましょう。	▶他のメディア（テレビ，ラジオ，インターネット等）と比較しながら新聞の特徴（詳報性や一覧性等）を考えさせる。 ▶紙面の割り付けや内容について学ぶ。	○実際の新聞を用意して，第一面を示しながら，題字，見出し，リード文，本文などに注目させ，新聞の機能や内容について学ぶ。
2	・新聞にはどんな特徴があるのか確かめましょう。 ・新聞記事の構成，写真の役割について考えましょう。	▶複数の新聞を提示し，教科書に沿って，新聞の役割，編集の仕方や記事の構成，写真の役割について整理する。 ○社会の出来事を早く正確に，多くの人に知らせるための印刷物。	○複数の新聞を用意し，教科書の記述内容と合わせながら学習を進める。
	・新聞の見出しの特徴を考えましょう。	○短い言葉で強い印象を与える。 ○倒置法。体言や助詞で止めている。 ○読者を引き付けるように書かれている。 ○一言で記事の内容が分かる。	・実際に新聞を見て気づいたことを発表しながら，考えさせる。 ・見出しは「究極の要約」と呼ばれていることを伝える。
3	・本文と写真から記事の見出しを考えて書いてみましょう。 【個人→ペア→全体交流】	▶全国紙と地元紙を比較し，見出しを考える。 ○「世界遺産名所背景に初マラソン」はどうかな。 ○記事に掲載された写真はよく似ているけど，リード文や本文の内容が大きく異なるね。	○一つの事実を異なる立場から報じた地元紙と全国紙 ○ワークシート ・それぞれの記事の書き手が，読み手に最も伝えたかったことは何かを考えさせる。
	・意見を交流しましょう。 ・二つの新聞記事のリード文の違いから，本文に使われている言葉や写真の共通点や相違点を整理しましょう。	▶実際の見出しと比べながら，共通点や相違点などを整理し，気付いたことを発表し合う。 ▶見出しを読み比べ，それぞれの良さや工夫を考えさせる。	・全国紙と地元紙の読者の違いに気づかせたい。 ○対比表 ○思考ツール（ベン図）
	・授業を通して分かったこと，大事なことをまとめましょう。	○同じ出来事でも，新聞社や記者によって伝えたいことが異なることが分かった。 ○記事に書き手の意図が表れている。	・新聞記事から書き手の意図を読み取ることができたか振り返らせたい。

　本単元では，実際の新聞記事を活用し，編集の意図と表現の違いに気づかせ，比較読みを深める活動をおこなった。書き手の意図を判断する視点として「見出し」「リード」「写真」に着目し，活動の中で児童は，本文の共通点や相違点を対比表や思考ツールに整理しながら記事全体を把握することができた。

（3）学校全体としての取り組み

　全国学力・学習状況調査の結果から，複数の資料を関連づけて読み取る読解力や「問い」に対して自分の考えを構築する論理的な表現力強化への課題が見えてきた。これらを解決する手立ての一つとして新聞を活用した学習活動は有効である。国語科のみならず，学校，家庭，地域を通じた NIE 活動の裾野を広げ，子どもたちが社会や地域とつながり，思考力・判断力・表現力を高めるために勤務校全体で NIE に取り組んでいる。その事例を二つ紹介する。

　①　児童会活動の一環として「ニュース委員会」を2017年に新設し，子どもたちの手で創り上げる NIE 活動を構想した。子どもたちのアイディアを生かしながら社会情勢や学校生活の話題などを校内放送や新聞などでタイムリーに発信することで，新聞に親しむとともに，主体的に学ぶ力の育成も図っている。

　②　学校図書館における NIE として，本と新聞をつなぐ取り組みに力を入れている。司書と協力し，本と関連する新聞記事を紹介するとともに，新聞スクラップ活動の発展として，各自テーマを考え，関心をもった記事を基にチームで課題追究を進めた。その後討論会をおこない，考えや思いを新聞社に投稿した。

　以上のように，日常的に新聞を活用し，書く活動に意欲的に取り組んできたことにより，全国学力・学習状況調査において本校児童は2年連続「書く能力」の正答率が国の平均を大きく上回った。また，こうした活動を通して，児童自身が世の中の出来事と学校での学びや日常生活とのつながりを感じることができるようになっていった。これこそが，学校での学びを実生活に役立てられる「生きる力」の獲得ではないだろうか。社会の変化を見据え，解決を図るために課題を自分事としてとらえて思考し，他者と協働しながら全校に発信する。こうした学びを積み重ねることが，これからの社会を生き抜き，社会の担い手として社会参画していく力を育むものであると考えている。　［堀内　多恵］

参考文献
小原友行・高木まさき・平石隆敏編著『はじめて学ぶ　学校教育と新聞活用─考え方から実践方法までの基礎知識─』ミネルヴァ書房，2013年。
関口修司監修『新聞で授業が変わる　学習指導要領に沿って　NIE ガイドブック小学校編』一般社団法人日本新聞協会，2020年。

第4節　ディベートの授業

1　ディベートとは何か

　ディベートは，コミュニケーション・スキルの訓練を目的とした討論のゲームである。ここで言うコミュニケーションとは，論理に特化したコミュニケーションであるから，ディベートは論理的な思考を鍛えるものでもある。

　ディベートは，以下の4点において一般の討論とは異なる。ディベートは，さまざまな制約をもつ「不自然な」討論であり，この「不自然さ」がディベートに近づきにくい印象を与えてもいるようだ。しかし，この「不自然さ」が教育訓練の効果を高めるものとなる。

　①　ディベートにおける討論のテーマを論題という。ディベートは一般の討論と異なり，たとえば「日本は死刑制度を廃止すべきである」というように，一つの判断を述べた論題（命題）として討論のテーマが示される。

　②　論題がディベートで対戦する二つのチームを肯定側と否定側に分ける。論題は，個々の議論が論題の是非にとってもつ意義を明確にすることを子どもに要求する。死刑に関するどんなに優れた議論も，論題の是非という討論の目標に位置づけられなければディベートでは意味がない。肯定側と否定側のいずれになるかは，通常，試合直前に抽選で決定する。したがって，いずれの立場からも議論できるように準備しておくことが子どもには求められる。論題に関する資料を調べ，双方の立場から議論を構築し，予想される議論に反論を試み，その反論にまた反論を準備する。ディベートは，この準備過程に大きな教育的意味がある。あるいは，「自分の意見ではないことを言わせるのか」との疑問を持たれるかもしれない。しかし，「自分の意見」をも疑い，考えつづける知的な謙虚さと知的な強靭さを育てるのがディベートである。

　③　通常の討論には，ルールがない。発言時間を決めても「寛容」に運用されるし，発言するタイミングをつかめず発言できない場合も少なくない。ディベートはゲームだから，ディベートには明確なルールがある。立論・質疑・反

駁からなる，フォーマットと呼ばれる試合の進行形式がある。フォーマットは，各ステージの時間を示し，それぞれのスピーチの役割を定めている。たとえば，基本的な論点は立論ですべて提示することが求められ，反駁において「新しい議論」を提出することは禁止されている。これは，「後出し」の議論を禁止し試合の公平さを確保するためのものであり，反論の機会を確保することによって議論を検証しやすくし，議論の水準を高めようとするものである。

④　ディベートは，相手チームではなく，審判を説得するゲームである。したがって，どのような議論も審判に伝わるように話さなければ意味がない。審判は，試合にあらわれた議論の範囲で論題の是非を判断し，勝敗を決定する。審判の講評と判定が，議論の弱点やスピーチの改善点を示すことになる。

2　「1年A組は，生徒の座席を自由にすべきである」──試合の概要

　ディベートは，知らないことでも巧みに議論して相手を「論破」する力を育てようとするものではない（知らないことを議論してはいけない）。だから，子どもには論題について十分に調べさせたい。しかし，ディベートの導入には，まずディベートという討論の形式を教えることが必要で，そのためには子どもたちが経験的によく知っていることを論題に選ぶ方がよい。そこで，以下，「1年A組は，生徒の座席を自由にすべきである」という論題で，想定される試合の流れを概観してみよう[(1)]。

　ディベートは，左表のようにすすめられる。複雑に見えるかもしれないが，要は立論の後に相手チームが質問し，その後で相互に反駁をおこなうのである。

試合の流れ

①肯定側立論
②否定側質疑
③否定側立論
④肯定側質疑
⑤否定側反駁
⑥肯定側反駁

　①肯定側立論　ディベートでは，主張を述べたらその根拠を示すことが求められる。肯定側は「生徒の座席を自由にすべきである」と主張する立場だから，立論でその根拠を述べなければならない。この場合の根拠とは，論題を実行することによって発生するメリ

ットである。メリットがあるから論題を肯定せよ，と主張するのである。その
メリットを「学習効果が上がる」とすると，立論は次のようなものになるだろ
う。
　「毎朝学校に行って好きな席に座るようにすれば，仲のよい友達と一緒に座
ることができます。仲のよい友達のそばで授業を受ければリラックスできるし，
気軽に質問もできます。そうすれば，授業もよくわかり学習効果が上がります。
学校は生徒が学習するためにあるのですから，『学習効果が上がる』というメ
リットは大切なことです。」
　②**否定側質疑**　　根拠を述べるといっても，その根拠には，またその根拠の
根拠が求められるわけで，根拠を求める問いはどこまでも続く（だから討論で
きるのである）。肯定側立論にも，よくわからないことがたくさんあるはずだ。
質疑では，そのわからないところを否定側が尋ね，肯定側はその質問に答える。
たとえば「どうしてリラックスすると，学習効果が上がるのですか」「どうし
て先生に質問しないで，友達に質問するのですか」などと尋ね，相手の主張を
よく理解することが質疑の役割である。
　③**否定側立論**　　否定側は「生徒の座席を自由にすべきではない」と主張す
る立場にあるから，たとえば「友達の固定化」というデメリットを主張するこ
とになる。注意すべきは，「学習効果が上がらない」という主張はデメリット
ではないということである（この反論は反駁でおこなう）。今より学習効果が上
がらなくても，それはメリットが生まれないということにすぎない。今より
「学習効果が下がる」のならば，それはデメリットである。
　④**肯定側質疑**　　否定側立論でわからないことを肯定側が質疑する。
　⑤**否定側反駁**　　肯定側の主張するメリットは発生しないこと，発生したと
しても重要ではないと反論する。たとえば「学習に必要なのはリラックスでな
く集中である。だから，メリットは発生しない」「かりに学習効果がいくらか
上がるとしても，友達が固定化するデメリットの方がはるかに深刻だ。学校は
学習するためだけにあるわけではない」といった反駁をすることになる。
　⑥**肯定側反駁**　　否定側の主張するデメリットは発生しないと反駁するとと

もに，肯定側立論に対する否定側反駁に再反駁する。

　導入期のディベートは，各ステージ２分程度でよいだろう。子どもの準備に
かける時間と力量に応じて，ステージの時間を長くすればよい。また，議論を
深めるためには，反駁を２回ずつおこなうとよい（否定側第１反駁→肯定側第１
反駁→否定側第２反駁→肯定側第２反駁）。

3　ディベートと国語科教育

　①　ディベートは，国語科教育の重要な指導領域である「話す」「聞く」，特
に討論について取り立てた指導をするうえで有効な方法である。ディベートは
討論形式が決まっていて，いつ何を言えばよいのかがはっきりしているから，
複雑なようだが実は案外簡単に噛み合った討論が経験できる。

　②　ディベートを通して，子どもは，討論するために必要な態度と技術を身
につけることができる。第１に，ディベートでは相手の言うことをよく理解し
ないと反論できないから，メモを取りながら聞くことが求められる。第２に，
ディベートは審判に聞きとって理解してもらわなければ勝てないから，論点を
整理して話すこと，内容を予告してから話すことなど，わかりやすく話すため
の技術を身につけることができる。第３に，討論の内容のことになるが，ディ
ベートは議論を整理する力を育てる。時間管理に厳格なディベートは，議論を
整理しないと話せない。限られた時間のなかで的確に反駁するためには，重要
な論点とそうでない論点を区別しなければならない。議論の全体を視野に入れ，
個々の論点を議論全体に位置づけることが，ディベートでは求められる。

　第３の点に関わって，先の試合にもう一度，目を向けてみたい。「学習効果
が上がる」という肯定側の主張に対する反論には，「学習に必要なのはリラッ
クスでなく集中である」という根拠に対する反論と，「友達の固定化」という
肯定側の主張とは無関係に別の主張を対置する反論とがある。香西秀信の言う
「『論証』型反論」と「『主張』型反論」である[2]。前者がなければ討論は水掛
け論になり，後者がなければ視野の狭い議論に終始する。ディベートは，立論
で「『主張』型反論」をおこない，反駁で「『論証』型反論」をおこない，反論

をバランスよく相互に交わす仕組みになっている。

4　ディベート指導の留意点

①　論題は，政策論題をすすめたい。たとえば「日本は環境税を導入すべきである」，「○○高校は修学旅行を廃止すべきである」というものである。「インスタント食品はよくない」等ものごとの価値を争う価値論題もあるが，価値論題は，ともすれば個人の好みに帰結してしまう。社会的な意志決定を示す政策論題には，討論で是非を争う必然性があり（政策は皆を拘束する），メリットとデメリットの大きさの比較という明確な判定基準もある。なお，国語科の授業では，論題も国語科に関連したものが選ばれることが多いように思う。しかし，ディベートそのものが言語活動なのだから，論題が国語に関連するか否かに神経質になることはない。大切なことは，子どもが関心をもち，肯定側・否定側が対等に議論できるような論題を選ぶことである。

②　はじめはメリットとデメリットの数を一つか二つに制限するとよい。主張を支える根拠に子どもの目を向け，主張を論証させることが重要だからである。

③　判定方法として，立論・質疑・反駁をいくつかの観点からそれぞれ点数化し，合計点で勝敗を決定する方法がよく見られる。しかし，この判定方法を私はすすめない。点数をつけることに忙しく，子どもの目が議論の内容に向かないからである。議論をよく聞いて，メリットがデメリットより大きければ肯定側の勝ち，そうでなければ否定側の勝ちと判定させよう。試合の流れをメモにとり，議論を評価するところに審判をおこなう教育的な意味がある。

④　フローシートという独自のメモ用紙を使うとメモが取りやすい（「フローシート記入例」参照）。書き方のポイントは，立論で示された論点ごとの議論が一直線に横に並ぶように書くことである。こうすれば，矢印で示したように論点ごとに議論が整理できる。メリットとデメリットが横に重ならないように，肯定側と否定側の立論を上下にずらして書くのもこのためである。

⑤　ディベート導入の指導としては，a）ビデオやシナリオを使ってディベ

フローシート記入例

肯定側立論	否定側質疑	否定側立論	肯定側質疑	否定側反駁	肯定側反駁
M 学習効果 ・自由席に 　↓ ・好きな友達と 　すわれる 　↓ ・リラックス 　↓ ・授業，わかる	・先生には質問 　しないの？ ・リラックスす 　るとわかる？	D 友達の固定 ・席が固定化 　↓ ・同じ人としか 　話さなくなる 　↓ ・いろいろな友 　達と話すこと 　が大事	・授業中に話し 　をするの？ ・どうして大事 　なの？	・おしゃべりが 　増えてしまう ・学習には集中 　が大事	・緊張しては頭 　が働かない ・生徒会や部活 　で友達はでき 　る ・学校固有の目 　的は学習

ートを説明し，b）ワークシートなどを使って立論の作成など試合の準備をお
こなわせ，c）3人一組で肯定側・否定側・審判に分かれ一斉に試合をおこな
う（39人のクラスなら，一度に13試合がおこなわれる。3回おこなえば生徒はすべ
ての役割を体験できる）という順序をとるのが一般的である。ここまでおこな
えば，生徒にディベートの仕組みがわかるから，自分たちで調査する本格的な
ディベートの準備ができる。次のステップは，3人か4人のチームをつくり，
チーム間の試合をおこなうとよい。　　　　　　　　　　　　　　　　［二杉　孝司］

注
（1）　池内清指導ビデオ教材『小学校ディベート授業入門』学事出版，1997年参照。
（2）　香西秀信『反論の技術』明治図書，1995年。

参考文献
西部直樹『はじめてのディベート　聴く・話す・考える力を身につける』あさ出版，2009年。
全国教室ディベート連盟東海支部制作 DVD 教材『ディベートで学エネルギー問題』（連
　盟東海支部 HP 参照）

第5節　スピーチの授業

1　スピーチとは
（1）広義のスピーチ・狭義のスピーチ
スピーチという語は，広義と狭義の両方に使われる。関係を図示する。

$$
（広義の）スピーチ
\begin{cases}
（狭義の）スピーチ …… 感性の面白さ \\
報告・説明 …………… 事実の正確さ \\
意見・主張 …………… 意見の説得力
\end{cases}
$$

　広義のスピーチとは，聞き手を前にして話し手がおこなう話のすべてをいう。学習指導要領がいう「話すこと」の領域である。

　一方，狭義のスピーチとは，広義のスピーチのなかで，ものの見方の面白さや述べ方の面白さなど，いわば，感性的な面白さを感じさせる話をいう。文字言語に例えれば，説明文や論説文ではなく，随筆，随想，コントの類である。

（2）スピーチの指導の範囲
　2008年版学習指導要領からは，「言語活動」例がより重い位置づけになっている。それ以前は「内容の取り扱い」欄に補助的に示されるだけだったが，「内容」欄に示されるようになる。しかも，活動例の数も増やされている。それに応じて，その指導もこれまで以上に強力に機能的に指導することが求められている。

　1998年版学習指導要領では，狭義の「スピーチ」とともに，「説明」「報告」などの活動は示されていたのだが，2008年版以降の学習指導要領ではそれらに加えて，「あいさつ」「連絡」「提案」「推薦」などが示されている。聞き手の立場を考え，人間関係の深まりを図るコミュニケーションや，自分の意見を確実なものとし，聞き手を説得していこうとするコミュニケーションの能力養成が強く求められているのである。スピーチの指導にあっては，対事意識・対他意識・対自意識の涵養が大切である。

2 スピーチはコミュニケーション活動の一つ

　スピーチとは，決して独りでできるものでもないし，また，一方的におこなうものでもない。次の図で説明する。

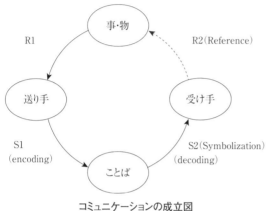

コミュニケーションの成立図

　音声言語であれ，文字言語であれ，私たちが他者に何かを伝えようとするとき，まずは伝えようとする「物」や「事」を認識する（R1）。そして，その内容を記号化する（S1）。相手はそれを解読してくれ（S2），それをもって事実だと解釈（R2）する。

　たとえば，自分の家族を紹介するとき，相手はあなたの言葉をもって事実を想像し，事実だと解釈する。本当かどうか確かめに来ることはほとんどない。昨日の出来事を伝えるなどの場合は，事実に当たって確かめようがない。

　人間には，事実に当たらずとも，言葉による報告を以て知ることができるという特技が付与されている。一般意味論では，このことを称して「われわれは報告の世界にいる」と言っている。人間だけにある文化である。

　ところが，言葉が事実の代わりをするというそのことが，コミュニケーションを円滑にいかせないという結果にもなっている。R1，S1，S2，R2の過程で，ロスが生じる。音声言語の場合に，そのロスが生じる比率が多い。

　そこで，コミュニケーション活動，特には音声コミュニケーション活動の仕方を工夫するという必要性と面白さが生まれてくるのである。

3 音声コミュニケーション活動の改善の工夫

　先の図に手を加えることによって，音声コミュニケーション活動の工夫点を考えてみよう。このことは，話すことの指導法改善の工夫につながる。

①**各過程の活動をしっかりおこなう**　　各過程の指導の大切さについては，以前から指摘されていた。ただし，外言（S1）の指導が強く，内言（R1）の指導が軽んじられていた面は否めない。たとえば，大勢の前での話し方とか，電話での話し方など，言葉を唇から外に発する後の話し方（S1）の指導に偏重していた。事柄をどの観点から見るか，どのように整理し構成するかなどの認識・思考の面（R1）の指導が軽かった。

②**内言の活動を特にしっかりおこなう**　　指導に際しては，事・物をしっかり認識させることである。

話す前に考えること。話材の選択，主題の決定，組立の順序など，充分に時間をかけ工夫させることである。そのための方法論の指導は勿論重要である。

③**聞き手に質問させる**　　図の円周をつくっている矢印の向きを逆にしてみよう。聞き手から話し手に向けるのである。これは何か。

聞き手は，受信一方ではない。形のうえからも，または，目に見える形で，発信するのである。聞き手が発信するとは何か。その典型が質問である。「聞く」ことは「聞く hear」「聴く listen」「訊く ask」の３相に区別できる。質問とは，そのうちの「訊く ask」ことの活用である。聞き手に質問させるのである。このことにより，聞き手の理解は正確さを増し，また，積極性を増す。話しやすくなる。質問をさせるほかに，感想を求めるという方法もある。

④**聞き手と話し合う**　　両方向に矢印を付けてみよう。双方向の交信となる。話しつつ聞き，聞きつつ話す。話し手であって同時に聞き手であり，聞き手であって同時に話し手となる。つまり，話し合うのである。いわば，対等のコミュニケーションが成立する。

まさかスピーチしながら話し合うことはできないが，スピーチの後に話し合いの場を設けるのである。このことによって，内容の伝わり方はより正確・的確になり，コミュニケーション活動は，より活発なものとなる。

⑤**非言語コミュニケーションを活用する**　　再度，図に戻る。音声言語のコミュニケーションの場合には，コミュニケーションをおこなっている「場」が成立する。話し手がいて，聞き手がいるという具体的な「場」が生まれる。文

字言語にはない，音声言語特有の状況である。ある意味では，音声言語の力を発揮する特有の「場」である。

　その，具体的な場において取り交わされるコミュニケーションでは，話し手から聞き手に届く刺激は，記号としての言語刺激だけではない。話し手のゼスチャーだとか，息づかいだとか，指し示す資料だとか，言語以外の刺激に満ちあふれている。言語以外の刺激のほうが多いとさえ言いうるほどである。それらによってなされるコミュニケーションを，「非言語コミュニケーション」という。非言語コミュニケーションは，次の5種に整理できる。スピーチをするに当たっては，また，スピーチ活動を指導するにあたっては，この非言語コミュニケーションの働きを重視すべきである。

　　①周辺言語<ruby>パラランゲージ</ruby>：声の高さ，強さ，速さ，硬軟・緩急・高低などの変化，リズムなどの調子，つまり，声の表情としての表現要素

　　②身体言語<ruby>ボディーランゲージ</ruby>：1．話し手の表情，姿勢，動作，視線，服装などの表現要素

　　　　　　　　　　2．聞き手の表情，姿勢，うなずき，相づちなどの表現要素

　　　　　　　　　　3．話し手と聞き手との間に見られる相互注視（アイコンタクト），同調行動など，身体の連動関係による表現要素

　　③物品言語<ruby>オブジェクト</ruby>：話し手の示す実物，写真，模型，絵図，グラフなど，資料が示す表現要素。ショウ・アンド・テル，プレゼンテーションなどに活用する。

　　④状況言語<ruby>シチュエーション</ruby>：話し手と聞き手との間の対人距離や位置関係，相互対話のタイミングなど，空間的・時間的背景となる表現要素。

　　⑤沈　　黙<ruby>サイレンス</ruby>：表面的なコミュニケーション「0」の状態。ただし，ときに雄弁に語っている無言の言がある。

　これらの非言語要素を大いに活用して，スピーチ活動を魅力あるものにしよう。また，魅力あるスピーチができるように，その活用の仕方を指導しよう。

4　スピーチの具体的な指導法

　スピーチの指導は，ごく安直にできる面がある。たとえば，夏休み後，夏に

体験したことを話すよう命じ，国語の時間ごとに，出席番号順に２，３人ずつ話させていけば，スピーチの学習活動をさせたことにはなる。しかしこれは，「活動あって指導なし」といわれる悪しき授業である。

他方，これとは反対の極致に位置づけられるスピーチ指導がある。なぜそうなるかといえば，スピーチが全人格的な言語活動だからである。

報告・説明や意見・主張は，いわば型がある。また，話し手の全人格が表れるというより理性的な一部の面が表れる程度であったりする。ところが，スピーチとなると，話し手の論理も倫理も心理も，非言語コミュニケーションの要素を入れれば，まさに体全体が，前面に曝される。

つまり，スピーチとは，話すことの出発点でもあり，到達点でもあるのだ。このところ，ブックトークとか，プレゼンテーション（ショウ・アンド・テル）とか，新しい形態のスピーチが増してきている。重要な言語活動である。

スピーチ指導の実際

第１次　基本的な話形を習得させる（将来は型を崩させる）

　　a　挨拶・名のり

　　b　予告―話題や主題，事件の日時・場所等を述べる。

　　c　本論―明るく，具体的に。

　　d　結末―話を締め括る。話題や主題の確認をする。

　　e　名のり・挨拶（感謝の言葉）

第２次　話すべき話題を選び，組立を工夫させる

　①主題や中心点のはっきりした話にする。

　　　　言いたいことを，一言で言わせてみる。書かせてもよい。

　②聞き手や場にあった内容かどうか，考えさせる。

　　　　聞き手を傷つけてはいけない。楽しませるのである。

　　　　一般的には，明るい話，独創的な話，具体的な話が好まれる。

　③組立をメモする。見やすいように，できるだけ濃く大きく太めに書く。

　　　　主題は一文で書かせてもよい。後は，5W1H，固有名詞，数詞などに注意して。原稿ではない。メモである。

第3次　非言語コミュニケーションの活用を工夫させる

①実物，写真，BGMなど，示すものがあれば準備する。

②協力してもらうことがあれば，依頼しておく。

第4次　実際にスピーチをする際の指導。勇気を持って言う気にさせる

①話す内容に自信をもつ。充分な準備が自信となる。

②呼吸を整える。深呼吸をさせると落ち着く。

③透る声で話す。大きな声ではない。透る声だ。自信と呼吸から生まれる。

④聞き手を見て話す。アイコンタクトである。

　　　だから，聞き手も反応を示して聞くことが大切だ。評価につながる。

5　スピーチの評価

　スピーチの授業を参観していると，聞き手が評価表をにらんで，○×を付けるのに一所懸命だという場面に出くわすことがある。おもしろい話でも笑わない。心を開いて聞いているのではないのだ。楽しむものがスピーチなのに。

　評価項目は絞りたい。スピーチは瞬時の表現行為である。聞くときは聞くことに専念し，聞き終えた後，サッと付ける。評価項目は，3項目以内。どんなに多くても，4項目。それ以上では，評価のためにするスピーチに成り下がる。

　一般的にいえば，内言に2項目，外言に1項目。

　　a　話題・主題・中心点の明確さ

　　b　描かれている事実のわかりやすさ，具体性

　　c　声調，アイコンタクトなど非言語の活用

項目を多くするよりも，「励ましの一言」を添えさせたほうがよほどよい。

　スピーチは，話すほうも聞くほうも，心を開いて楽しむ活動なのである。

〔高橋　俊三〕

参考文献

高橋俊三『対話能力を磨く―話し言葉の授業改革―』明治図書，1993年。

高橋俊三編『音声言語指導大事典』明治図書，1999年。

高橋俊三『教師の話力を磨く―子どもの知と心を拓く話し方・聞き方―』明治図書，2005年。

第6節　パブリックコミュニケーションゲーム

1　パブリックコミュニケーションゲームの意義・目的

　国語科教育はこれまで「論理的思考・論理的な言語技術」を育てる代表的な方法として，論文指導とディベート指導の二つをおこなってきた。

　論文指導は書きことばを中心に「論理性（厳密性）」を追い求める指導を，一方のディベート指導は話しことばを中心に「ゲーム性」を意識した表現指導をしてきた。それぞれに熱心な指導がおこなわれてきた。

　たとえば，書きことば派の宇佐美寛は『論理的思考―論説文の読み書きにおいて―』（メジカルフレンド社，1979年）で次のように言う。

> 　緻密に，正確に考えるとは，緻密で正確なことばを使って考えることです。ことばを，なるべく意識的に検討しながらしんどく考えるには，緻密・正確な文章を書くのがきわめてよい方法だと私は思っています。これに対して，口頭で話し聞くのは，緻密・正確という点では，だいぶ劣る方法です。時間の制約があり，あるきまった速度で話し聞かねばならないからであり，表情・手ぶり・声の質に助けられ，また，それをあてにして話を聞いているからです。

　一方，話しことば派の古典である小林喜三男・荒木茂編著『論理的思考を高める表現指導』（一光社，1974年）の「まえがき」で小林喜三男は次のように言う。

> 　わたしたちは10年前から『討論指導』にとり組み，その実践の積み上げの中で，生徒たちの討論（ディベートのこと・筆者注）への異常な興味・関心を，身をもって知ったのでした。「自分が急におとなになったようなきがする」，討論の指導を受けた生徒たちが一様に口にするのはそのような感想でした。生徒たちの発達の上限をおさえ，表現指導の到達目標を討論におかなければならないというのが，わたしたち話教研（日本話しコトバ教育研究会・筆者注）の主張です。

　論文指導とディベート指導が論理的思考を育てる最有力の方法であることは多くの人たちが認めるところである。しかし，実際問題として論文指導もディ

ベート指導も必ずしも広くおこなわれてきたとはいえない。その広がらない理由は，ごく粗く言って次の三つが考えられる。①実践に時間がかかる。②指導方法に慣れていないと失敗する場合がある。③評価が難しい。

　端的に言って，論文もディベートも，どうしても大掛かりな「取り立て指導」になる。「論理的思考・論理的な言語技術」指導を広げていくためには「日常的指導」の工夫が必要である。その「日常的指導」には，論文指導の厳密性とディベート指導のゲーム性の両方が適度に備わっているとよい。

　もちろん，こうした指導の工夫は，これまでも部分的にはおこなわれてきた。しかし，ひとまとまりの指導法開発の流れをつくり出すことはなかった。それは，「論文指導のため」「ディベート指導のため」という枠組みから基本的には抜け出すことができなかったからだと考えられる。

　そこで，筆者は『論理的な表現力を育てる学習ゲーム』（学事出版，1999年）のなかで，「自分の意見を道筋を立てて話したり書いたりすることを促すゲーム」を「パブリックコミュニケーションゲーム」と名づけて，授業研究の一ジャンルとして積極的に位置づけ，研究・開発していくことを呼びかけた。パブリックコミュニケーションゲームは公的な場で不特定多数の人間との間に「論理的思考・論理的な言語技術」ができることをめざしている。それは「取材・調査・交渉・報告・発表・討論」などさまざまな場面で必要とされる。

2　パブリックコミュニケーションゲームの具体的な指導方法

　前掲『論理的な表現力を育てる学習ゲーム』のなかには全部で20のパブリックコミュニケーションゲームが収録されている。また上條晴夫編著『小学校国語の学習ゲーム集』（学事出版，2001年）には24のゲームを収録した。

　以上のテキストのなかから三つのゲームを紹介して分析を加える。

（1）対決型問答ゲーム

　２人１組になって「宿題は好きか嫌いか」「テレビは好きか嫌いか」などのテーマについて問答をおこなうゲームである。一方が質問し他方が答える。

　基本のルールとしては「答えを３秒以内で言う」がある。

　子どもたちがゲームに慣れ，お互い一つずつの理由の数をクリアーできたら，二つ，三つと理由の数を増やしていくように新ルールを加える。

　そうすると，たとえば，次のような問答になる。

　　A：あなたは宿題が好きですか。
　　B：わたしは宿題が好きです。理由は三つあります。
　　　　一つ目は，宿題をするとお母さんにほめられるからです。
　　　　二つ目は，勉強がよくできるようになるからです。
　　　　三つ目は，………。
　　A：3・2……（答えが止まったので，秒をカウントし始める）。
　　B：三つ目は，毎日すると勉強する習慣がつくからです。

　ゲームは以上のような「理由の数」に挑戦させる他に，「主張＝データ＋理由づけ」などの根拠の作り方を教えて，「詳しい根拠」に挑戦をさせるという方法もある。また自分の本音とは逆の主張をさせるやり方もある。

　この対決型問答ゲームをおこなうことによって，「論理的思考・論理的な言語技術」の一番の基礎といってよい「根拠を伴った主張」ができるようになる。こうしたゲームは繰り返しおこなうことで，論理性が身についていく。

（2）プロコン作文コンテスト

　ある課題について肯定の論理４項目と否定の論理４項目を考える。

　時間（たとえば10分）を限定して箇条書きする。その箇条書き８個をひとまとまりの「作品」と考えてグループごとに一番の作品を選び出す。グループの代表によるコンテストをして「最優秀プロコン作文」を選び出す。

　課題は「中学校での持ち物検査の是非」などをする。

　肯定の論理四つと否定の論理四つを提出するという課題に教室は緊迫する。

　第一に「10分」という制限時間がある。第二に物事を肯定・否定の両面から考える面白さがある。第三に数へ挑戦するという面白さもある。

　肯定・否定の理由としては次のものが提出される。

〈肯定〉　・校則違反の持ち物がなくなる。
　　　　　・校内にナイフなどの危険物が持ち込まれる危険性が減る。

　　　　　・机やロッカーのなかなどがきれいになる。

〈否定〉　・プライバシーが侵害される。

　　　　　・学校の「管理」が今より厳しくなり息苦しくなる。

　　　　　・持ち物検査に時間がかかる。

　このゲームは論理的思考のなかの「視点を変えて考える」力を大いに刺激する。

　発表の段階で自分の気がつかなかった論理が提出されると「なるほど。そういうふうに考えることもできるのか」と感嘆の声があがることが多い。

　コンテストをおこなうことで根拠の磨き合いが発生する。

（３）　リンクゲーム

「風が吹けば桶屋が儲かる」（風が吹く＞砂ぼこりが目に入る＞盲人が増える＞三味線弾きが増える＞猫が減る＞ネズミが増える＞桶をかじる＞桶屋が儲かる）の故事に見られるように，「～ならば…になる」という言明の中間項を因果関係的に説明していくゲームである。

　たとえば小学校６年生が作った論理は次の通りである。

　　　・風が吹きます。　→・そうすると，空の雲が動きます。　→・そうすると，いきなり晴れになります。　→・そうすると，暑がる人が多くなります。　→・そうすると，水を体にかぶりたくなります。　→・そうすると，桶がほしくなります。　→・そうすると，桶を買います。　→・そうすると，桶屋がもうかります。

　これは妥当性の「論証」である。論証とは「前提」または「根拠」から「結論」を正しく「導出」するものである。このゲームでは「リンク」の強さを競い合う。つながりが切れないようにするためには，たくさんの文を積み重ねることが必要である。つまり「そうすると～。そうすると～。そうすると～」という連鎖の数を増やすことで「結論」の説得力を高めることができる。

　そのことによって「論理の隙」を防ぐことができるようになる。

3　ゲーム指導の留意点について

　パブリックコミュニケーションゲームで注意すべき点がある。

　このゲーム型の学習は伝統的な授業方法と違う体験型学習であるために，授業運営法でいくつかの留意点がある。授業運営上の要点を三つ書く。

（1）振り返り

　パブリックコミュニケーションゲームは「ゲーム」である。

　しかし，単なる「ゲーム＝勝ち負けのある遊び」ではない。パブリックコミュニケーションゲームは学習ゲームであるから「ゲーム」をした後には必ず，振り返りをする必要がある。ゲームのやりっ放しでは駄目である。

　一般的な振り返りの技法としては，「ゲーム中に気づいたこと・考えたことを発表して下さい」と感想を求める。そうすると，単に「勝って嬉しかった」と何も学んでない子どもがいる一方，「負けたことは悔しかったけれど，もし次にやるとしたら，『そうすると』の数をもっとたくさんにして，隙間がないリンクを作りたい」のような失敗からの学び（気づき）などが出てくる。

　授業の終わりには「振り返り」（声の交流）が必要である。

（2）フォロー

　パブリックコミュニケーションゲームは参加型学習である。

　講義型授業では聞いて聞きっぱなしの自由があるのに対して，パブリックコミュニケーションゲームではルールが参加を強制することになる。だから，すぐ参加できる学習者ばかりでない点に注意がいる。教師はゲームへの誘い役を務める必要がある。具体的には子どもたちの参加の様子（特に非言語情報である）をじっくり見守り，ことばかけをしていくことである。伝統的な授業法では，すぐに参加できない学習者に対しては，ステップを小さく区切って課題を細分化し，参加しやすくする。しかしゲーム型学習では「楽しい雰囲気」が必要である。学習者がゲームに参加できる雰囲気づくりが大事である。

（3）繰り返し

　伝統的な授業では効率性が重んじられる。短い時間でたくさんの知識を提供する方法を考える。しかしパブリックコミュニケーションゲームのような体験型学習では「変化を伴った繰り返し」のなかで少しずつ気づきを蓄積しようとする。

たった一度のゲームからあれもこれもは引き出せない。少なくとも3回はゲームをやらせたい。それも変化を伴った3回である。　　　　　　　［上條　晴夫］

参考文献

上條晴夫編著『論理的な表現力を育てる学習ゲーム』学事出版，1999年。具体的・実践的にパブリックコミュニケーションゲームを紹介している。

第7節　PISA「読解力」

1　「PISA」とは何か

　「PISA」は,「Programme for International Student Assessment」のこと
である。日本では「生徒の学習到達度調査」と訳す。OECD（経済協力開発機
構, Organization for Economic Cooperation and Development）が, 2000年から始
めた国際学力調査である。15〜16歳を対象として参加各国で同一問題・同一設
問で調査をおこなう。2000年の調査には32カ国（OECD加盟国28カ国, 非加盟国
4カ国）が参加した。日本では高校1年生約5000人を抽出して調査をおこなっ
た。その後, 3年ごとに2003年, 2006年, 2009年, 2012年, 2015年と調査が実
施され, 2015年には約72の国と地域から約54万人が参加している。

　PISAは,「各国の子どもたちが将来生活していく上で必要とされる知識や
技能が, 義務教育修了段階において, どの程度身に付いているかを測定する」
ことを目的としている。また,「定期的に国際的な調査を行うことにより, 生
徒の学習到達度に関する政策の企画・立案に役立つ指標を開発する」ことも目
的の一つである。[1]これまでの学力調査と違って, 学習内容の理解度・定着度
を測るということよりも, 知識や技能を活用しながら実生活のさまざまな課題
に対処したり社会に参加したりする力を測ろうとするものである。「読解力」
(Reading Literacy),「数学的リテラシー」(Mathematical Literacy),「科学的リ
テラシー」(Scientific Literacy) の3分野について実施されている。

2　PISA「読解力」の定義

　PISAの「読解力」は,「自らの目標を達成し, 自らの知識と可能性を発展
させ, 社会に参加するために, 書かれたテキストを理解し, 利用し, 熟考し,
これに取り組むこと」と定義されている。

　「自らの目標を達成し, 自らの知識と可能性を発展させ」とは,「読解力」に
よって一人ひとりが望む学業上・職業上・生活上の目標が達成でき, 生涯にわ

たって自分の知識や能力を発展させ続けることができるという意味である。「社会に参加する」とは，「読解力」によってより主体的に社会に参加し貢献できるという意味である。「参加する」には，社会的，文化的，政治的，経済的な関与が含まれる。

　OECD が多くの学力調査を検討しつつ，PISA に共通する能力の概念として設定した「『コンピテンシーの定義と選択：その理論的・概念的基礎』プロジェクト」の報告書のなかでは，三つの力が設定されている[2]（ここでいう「コンピテンシー」とは，「能力」のことである）。「自律的に活動する力」「道具を相互作用的に用いる力」「異質な集団で交流する力」である。そのコンピテンシーには，「批判的スタンス」「批判的思考」「批判的な思考スキル」「批判的に考察する」ことが，かなり中核的な要素として位置づけられている。また，「民主主義への積極的な参加」「投票権の行使」「社会的決定への参画」「社会的不平等の削減」といった要素も重視されている。さらには，国連の「世界人権宣言」（1990）中の「社会正義」「人道主義的価値観」「人権」「国際的な平和と連帯」などを引用し，それらを「キー・コンピテンシーを定義づけ，選び出すための前提となる一連の実践的な価値観，要求，条件」と位置づけている。「読解力」もそういった前提に基づいている。

　なお「読解力」では，「探求・取り出し」「テキストの統合・解釈」「テキストの熟考・評価」といった三つの側面が問われている。

3　PISA「読解力」の問題と設問

　PISA「読解力」の問題・設問のなかには，これまでの日本の国語科教育では，ほとんど取り上げられることがなかった要素が多く含まれる。2 で紹介した「批判的思考」「社会的決定への参画」などにかかわる要素である。また，図表やグラフ，地図，さらには新聞の「社説」など，これまで国語の授業であまり取り上げられなかった分野も含まれる。

　日本の「読解力」の無答率（その設問を白紙のまま提出した率）は，OECD 平均よりも3ポイント程度高い。特に自由記述の「解釈」「熟考・評価」設問で

は 5 ～ 8 ポイント程度高い。ここでは特に日本の正答率が OECD 平均を大きく下回っていた設問と，日本の無答率が OECD 平均に比べ特に高かった設問を紹介する。

　PISA「読解力」で，2000年に日本が平均正答率を大きく下回った設問の一つが，「落書き」に関する問題のなかにある。町中の「落書き」をめぐってヘルガとソフィアが書いた賛否の手紙が提示される問題である。ヘルガは「社会に余分な損失を負担させないで，自分を表現する方法を探すべき」，「落書き」は「若い人たちの評価を落とす」と述べる。また「建物やフェンス，公園のベンチは，それ自体が芸術作品」であり，それらを「落書きで台なしにするというのは悲しいこと」と訴える。一方ソフィアは「世の中はコミュニケーションと広告であふれて」おり，「企業のロゴ，お店の看板，通りに面した大きくて目ざわりなポスター」は許されていると述べる。そして，「落書き」同様「看板を立てた人は，あなたに許可を求め」てはいないと指摘する。それと同じように「落書き」も「一種のコミュニケーション」であり，「落書きが不愉快とみなされているなんて，笑ってしま」うと述べる。

　その問 2 は「ソフィアが広告を引き合いに出している理由は何ですか。」というものだが，正答率は日本が42.2％，OECD 平均が53.4％であった。記述式の設問である。「採点基準」を見ると，「落書きと広告を比較していることを理解している」「広告は落書きの合法的な一形態という考えに沿って答えている」，または「広告を引き合いに出して落書きを擁護する手段の一つであることを理解している」ことが，「正答」の条件となっている。

　それは，「理由」という言葉で本文中に書かれてはいない。「広告」＝「企業のロゴ，お店の看板，通りに面した大きくて目ざわりなポスター」であることをまず理解する必要がある。そして「落書き」も「広告」も許可を求めていない点では同じこと，またどちらも「一種のコミュニケーション」であると述べていることに着目することが求められる。文章を構造的に把握し，複数の箇所を組み合わせつつ，理由を推理することが必要となる。

　「落書き」の問 3 は「あなたは，この 2 通の手紙のどちらに賛成しますか。

片方あるいは両方の手紙の内容にふれながら，自分なりの言葉を使ってあなたの答えを説明してください。」となっている。また，問４は「あなたの意見では，どちらの手紙がよい手紙だと思いますか。片方あるいは両方の手紙の書き方にふれながら，あなたの答えを説明してください。」というものである。これらの日本の正答率はわずかに OECD 平均を上回っているものの，無答率がたいへん高い。OECD 平均に対し，日本はともに２倍以上である。

　二つの問いともに説明的な文章を吟味・評価することを求めるものである。文章をメタ的に把握することを求めているともいえる。批判的読解を内包した設問ともいえる。

　「贈り物」という短編小説に関する問題でも，正答率や無答率から課題が見えてくる。この小説は，「彼女」が大雨で家ごと川に流されるという状況のなかで，そこに流れついた獣のヒョウと「彼女」とがさまざまに関わっていく展開になっている。はじめはヒョウを撃ち殺そうとした「彼女」だが，最後にはヒョウにハムを食べさせる。

　「贈り物」の問７は「『贈り物』の最後の文が，このような文で終わるのは適切だと思いますか。／最後の文が物語の内容とどのように関連しているかを示して，あなたの答えを説明してください。」となっている。正答率は日本が12.0％，OECD 平均が20.5％である。無答率も日本は40.7％と，OECD 平均の20.8％の倍になっている。作品を吟味・評価・批評していくことを求める設問である。

　「贈り物」の問３は，作品の前半部分３箇所を示し「物語の後半で起こったことを考えると，著者はヒョウを登場させるにあたって，なぜこういう書き方をしたのでしょう。」というものである。日本の正答率は OECD 平均とそう変わらないものの，無答率が29.6％と，OECD 平均の18.1％を大きく上回っている。これは，作品前半の伏線が作品後半でどのような効果を発揮するかを問うたものである。作品の事件展開の仕掛けを構造的に把握することが必要となってくる。

4　PISA「読解力」が日本の国語科教育に突きつけた課題

　PISA の結果から日本の子どもたちは説明的文章に関して，①文章を構造的・メタ的に把握する力，②文章の内容・書かれ方を吟味・評価・批判する力が十分に身についていない可能性が見えてくる。物語・小説に関しては，①作品に事件展開の在り方を構造的に把握する力，②作品に書かれていることを根拠に直接には書かれていないことを推理する力，③作品の書かれ方を吟味・評価・批評する力が，十分に身についていない可能性が見えてくる。これは，これまでの日本の国語の授業で弱かった要素あるいは欠落していた要素である。

　2003年の PISA「読解力」の日本の結果をめぐって日本の教育界に「PISAショック」といわれる動揺が起こった。2000年に8位だった「読解力」が，2003年に14位にまで落ちこんだためである。この時日本は，OECD 平均とほぼ同じ平均正答率となった。2006年の調査でも，日本の「読解力」は15位であった。[(3)]

　それがきっかけとなり文部科学省は2007年から全国学力・学習状況調査を始めた。これは，全国の小6と中3におこなう悉皆調査で，「国語」と「算数」「数学」からなる。それぞれ「A 問題」と「B 問題」の2タイプを作成し，その両方を全員対象にを課し調査をおこなった。「A 問題」は知識・技能中心の従来型，「B 問題」はそれらの応用力や思考力を重視した活用型である。PISAは，その「B 問題」に強く反映されている。2007年以降毎年実施されているが，予想どおり「B 問題」の正答率が低かった。さらに，PISA は2008年版以降の学習指導要領にも影響を与えていると考えられる。「国語」では「構成」「展開」「登場人物の設定」「登場人物の相互関係」「比喩」「反復」などの要素が明示された。また「評価」「批評」「批判」等の要素も明確に位置づけられた。

　最近では PISA「読解力」を意識したさまざまな授業が考案され実践されつつある。たとえば，説明文「動物の体」（増井光子）の例示の不十分さを発見させリライトさせていく授業，女性スポーツ選手の活躍を報じた新聞記事をジェンダーやナショナリズムの視点から分析させていく授業，物語「スイミー」（レオ・レオニ）の二つのテキストを比較し批評させていく授業，小説「形」

（菊池寛）の人物設定やテーマに「不自然」な点「説得力に欠ける」点がない
かを検討させていく授業[4]，小説「少年の日の思い出」（H・ヘッセ）で「『僕』
は，蝶をつぶしてしまうことで罪を償うことができたのだろうか。」と発問し
検討を促す授業[5]——などがある。

　PISA「読解力」の結果は，これまでの日本の国語科教育の弱点をわかりや
すい形で顕在化させてくれた。ただし，それを絶対化することも，また危険で
ある。OECDの「キー・コンピテンシー」は先進的なものである。しかし，
残念ながらPISA「読解力」の設問そのものは，実際にはその理念どおりの内
実を伴っていない。たとえば「効果的に社会に参加するために」は，二つを比
較し，一方にはこの根拠で「賛成」するが，もう一方にはこの根拠で「反対」
する。——などと答えられることが，重要なはずである。しかし，そこまでを
求める設問はない。「批判的な思考スキル」に深く関連した問題・設問をもっ
と明確に位置づけることはできるはずである。物語・小説分野でもPISA「読
解力」では，作品を子どもたちに評価・批評させていくことについて不徹底と
いえる。　　　　　　　　　　　　　　　　　　　　　　　　　　　　［阿部　昇］

注
（1）　国立教育政策研究所編『生きるための知識と技能6 ― OECD生徒の学習到達度調
　　　査（PISA）2015年調査国際結果報告書』2016年，明石書店。以下，引用は同書より。
（2）　ドミニク・S・ライチェン他編著『キー・コンピテンシー――国際標準の学力をめざ
　　　して』2006年，明石書店［*KEY COMPETENCIES FOR A SUCCESSFUL LIFE
　　　AND A WELL-FUNCTIONING SOCIETY*, edited by D. S. Rychen & L. H.
　　　Salganik 2003.］
（3）　2015年の調査では，日本の「読解力」は8位となった。
（4）　以上は，科学的『読み』の授業研究会編『国語授業の改革8』学文社，2008年。
（5）　有元秀文編著『PISA型読解力の授業プラン編』明治図書，2008年。

参考文献
科学的『読み』の授業研究会編『国語授業の改革8・PISA型「読解力」を超える国語授
　　業の新展開』学文社，2008年。PISA「読解力」について福田誠治，有元秀文，須貝千里，
　　阿部昇などがさまざまな観点から検討をおこなっている。PISA「読解力」を見通した
　　小中学校の授業実践も紹介している。

第6章　国語科教育の研究方法

第1節　国語科教師の力量形成

　教師であれば誰でも「よい授業をしたい」「子どもに国語の力をつけたい」と願う。しかし，そのためには，自分自身が「授業の専門家」としての資質・能力を十分に備えていなくてはならない。とりわけ，教材研究やカリキュラム編成，授業展開（発問・説明・指示など），学習者の実態把握や適切な対応などの点で高い力量が求められる。教員養成系大学において，また教師になってからの現職研修において，絶えず自己の向上をめざす努力が必要になる。

　野口芳宏は，「教える立場にあるからこそ自らの力を省みる謙虚さが必要になる」として，教師の「修養」の必要性を説いている[1]。

　ここでは，どのようにすれば国語科教師としての専門的な力を身につけることができるのかという問題を四つの観点から考えてみたい。

1　人間としての知識を教養を深める

　教師は単に「教科書を教える人」ではない。「教科書」と「教師用指導書」があればそれなりの授業はできるだろうが，きわめて底の浅い学習にとどまる危険がある。今の検定教科書という枠のなかでは，ページ数の関係で必要最低限のことしか記述できないからである。したがって，国語科教師は「生きた教科書」として，言語文化への理解を深めておく必要がある。

　昔から，すぐれた教師は本をたくさん読むといわれてきた。それは教育書だけではない。文化・社会・自然など多方面の分野にも関心が向いている。これが人間としての幅広い知識，豊かなものの見方・考え方を形成していく。（教科書のない「総合的学習」の成否もこの点にかかっている。）

　島小や境小の校長を務めた斎藤喜博は，「授業者としての力」の前に，「教養」や「経験」の蓄積によって生じる「人間的な力」の必要性を説いている[2]。何よりも教師自身が知的かつ魅力的な人間でなければならないのである。

　こうした一般的な知識や専門的な教養は，授業の豊かさ・深さに表れてくる。たとえば，漢字の指導をあげてみよう。「末」という漢字があるが，この文字の意味を考えることもなく，ただ機械的に反復練習して覚えるだけであれば楽しくないし，漢字について豊かに学んだとは言えない。しかし，教師が「一画目が木の上の若い枝を表す」という象形文字としての字源を知っていれば，はるかに豊かな授業が展開できるだろう（漢字の成り立ちだけでなく，たとえば「妹」はまだ成熟していない若い女性を表すというように漢字の類縁性・共通性にまで発展する）。これによって漢字に対する興味も増していくはずである。

　文学の授業でも同様である。教師の読みが深くなければ，授業も「わかりきったことをきく」というレベルで終わってしまう。日頃から文学（小説や詩）に多く触れて，読む力を養っておくことが授業の前提である。

　この他に，語彙・文法・筆順なども同じである。言語についての豊富な知識は「言語事項」の指導には不可欠である。

2　自分の言語技術を高める

　国語科の教師は，すべての言語行為が児童生徒のよい見本とならなくてはならない。いくら「人の話をしっかり聞こう」とか「文字はていねいに書こう」と注意していても，肝心の教師自身が子どもの話をよく聞かなかったり，雑に板書したりするのでは失格である。自分の言語行為は絶えず子どもたちから見られている，そして，それが，よい意味でも悪い意味でも，子どもたちに乗り移っていくということを自覚しておくべきである。小学校低学年の場合，文字のきれいな教師が担任するクラスの子どもたちは文字がきれいであり，反対に雑に書く教師のクラスは雑であるとよくいわれる。

　こう考えてくると，国語科教師は絶えず自分の国語能力を高めていくことが必要になる。言い換えれば，言語技術の向上である。言語の本質に根ざした

「話し方・聞き方・書き方・読み方」，さらに言葉を通した豊かなコミュニケーション能力（伝え合う力）を不断に鍛えていくことが望まれるのである。

　すぐれた教師は，例外なくこうした仕事を自分に課してきた。たとえば，大村はまは，「話し方」の修練のために，話しことば関係の本を多く読んだり，自分の授業の録音テープを聞いたり，社説の朗読を続けたり，よい講演を聞いて耳を養ったりしたという[3]。また，野口芳宏も，「話法」を高めるための方法として，「教える立場をふり返る」「他の人の話を分析的に聞く」「自分で課題を持ちそれに挑む」ということをあげている[4]。

3　授業研究を通して専門的力量を高める

　佐藤学は，学校や授業を変えていくためには，教師たちが日頃から授業を公開し合い学び合うような「同僚性」の関係をつくることが重要だと述べている[5]。「研究授業」も年に最低1人5回はおこなうべきだという。たしかに，自分の教室に閉じこもって，自己流で授業をしていたら進歩や変革はない。他者の目を通して多くのコメントを受けることで，自分でも気づかなかったようなことがわかってくる。また，他の教師の授業を見ることでさまざまな知見が得られる。

　向山洋一は，いつも，プロ教師になるための「黒帯の条件」として「研究授業100回」をあげている[6]。ここで言われている「研究授業」とは必ず「指導案を書く」「検討会をする」「文章で分析する」ことが前提になっている。毎月2回やっても5年近くかかるという大変な数字だが，「授業のプロ」になるためにはこれくらいの努力をしないといけないのだろう。

　さて，授業研究の方法にはいろいろなものがある。学校単位での研究授業や授業研究会は明治時代から今日に至るまで広くおこなわれている。しかし，先に述べてきたように，いかに教師の専門的な力量形成をめざした実質的な研修の場となりうるかということがポイントである。

　最近はどの学校にもビデオの設備がある。授業研究会でもビデオを利用するケースが増えてきた。それは"事実に即した研究"という点で有効である。

　稲垣忠彦が提唱する「授業のカンファレンス」は，授業者以外の多くの目を通して授業を多面的に検討する方法である。教師以外の人びとも巻き込みつつ，授業のビデオを見て「相互触発的」に意見を述べ合う点が特徴である。

　また，「授業づくりネットワーク」が開発した「ストップモーション方式」は，授業を録画したビデオを再生・視聴しながら，自由にストップをかけて，具体的な場面での教師の意図や授業行為の適否・代案などについて話し合うものである。いずれも，授業者だけでなく参加者の専門的な見識や技量を高めることにも役立つ臨床的な方法である[7]。

　こうした現場での臨床的研究方法によって，授業を改善するための情報を得ること，さらに教師の専門的力量形成に資することが重要である。そのためには，"本当に自分の授業の腕をみがきたい" "少しでも授業者として成長したい"という強烈な願いをもっていることが条件である。

4　教師としての視野を広げる

　教師の仕事は多く，授業以外のさまざまな仕事にも追われる毎日である。ともすると「目の前のこと」だけに心が奪われて，自分の学級や学校という殻のなかに閉じこもりやすくなる。それでも「授業」は何とかできてしまう。知らず知らずのうちに「自己流」が出来上がり，授業を変えるという意識は弱くなる。しかし，これでは授業者としての成長はありえない。先に述べたように，「研究授業」をはじめとして，校内で「授業を見せ合う」ことが必要である。

　しかし，それだけでなく，外部の研究会に出かけて自分を高めるということも必要になる。教育委員会主催の「初任者研修」など参加義務があるものだけでなく，自主的に民間レベルの教育研究会に参加することが大きな意味をもつことになる。前者はともすると受動的かつ形式的なものになりやすい。ところが，後者のように「身銭を切って学ぶ」ということになると，意気込みも変ってくる。「あすの授業に役立つ情報を手に入れたい」「少しでも授業の腕をみがきたい」ということになる。かくして授業についての視野が広がり，専門的な力量を形成していくことが期待できる。

　さて，その場合，一つの研究会にだけ参加するのでなく，できればさまざまな研究会に参加すること，そこから自分なりの授業スタイルを形成していくことが重要である。つまり，一つの授業スタイルに固定化してしまうことを避けるためである。授業に「絶対の方法」はありえない。いつでもどこでも同じようなパターンで授業することは有害である。そのためにも，さまざまなもののなかから幅広く学んで，よいところを摂取していくというゆるやかな姿勢がよい。たとえば，ＡとＢという対立的な授業理論があったとする。しかし，それぞれに長所と短所があるとしたら，その長所だけを取り入れて自分なりの授業スタイルをつくっていくのである。ただし，うわべだけをまねするのでなく，その本質（どんな目標のためにどんな方法をとるのか）をよく理解したうえで，状況に応じて柔軟に取り入れたい。

　これまでの国語教育研究団体は，それぞれの内部に閉じこもる傾向があった。これが実践の停滞や閉塞化を生んでいたのではないかという危惧がある。「異質なものからの学び合い」が要請されるゆえんである。

　さて，教師としての視野を広げるためには，研究会への参加だけでなく，専門的な教育書・教育雑誌の購読も欠かせない。少しでも自分の授業の質を高めるのに役立つと思えば，そこから貪欲に学ぶべきである。

　このようにして，理論的・実践的な研究成果から幅広く学ぶことによって，自分に合った授業スタイルをつくっていくことが望ましいのである。

　教師修業の道に終わりはない。「これで十分だ」と自分の授業に満足してしまうと，思わぬ停滞を生むことになる。絶えず高いところに目標を設定して，それに向けて着実に進んでいきたいものである。

　齋藤孝によると，「できる人」というのは「上達の普遍的な論理」をもっているという[8]。それは〈まねる力〉〈段取り力〉〈コメント力〉という三つの基礎的な力を活用して，自分のスタイルをつくり上げることである。〈まねる力〉とは〈技を盗む力〉である。これは「暗黙知（身体知）をいかに明確に認識するか」にかかっている。つまり，達人の体に染みついた技術を「形式知」として言語化し，さらにそれを自分の「暗黙知」とすることである。〈段取り力〉

とは，達人の「段取り」を盗んで，自分の学習の「段取り」をデザインする力
である。〈コメント力〉とは，〈質問力〉や〈要約力〉を含むもので，すぐれた
技の本質を見抜き，それを盗むときに役立つ。いわば情報収集力である。
　こうした「上達の普遍的な論理」は教師教育の世界でも活用すべきである。
これまで「まねる」ことは悪いことであるかのように考えられてきた。が，そ
れは上達論の基本常識である。身のまわりに「話し方」の上手な人がいたら，
その技を盗んで自分のなかに取り入れる。このように，さまざまなものから学
んで最終的に自分なりのスタイルをつくっていくようにしたい。　［鶴田　清司］

注
（1）　『野口芳宏著作集　鍛える国語教室 第19巻・話法の修業と文章修業の道』明治図書，
　　　1990年，65頁。
（2）　斎藤喜博『教育学のすすめ』筑摩書房，1969年，89頁。
（3）　橋本暢夫「大村はま先生の話し方の修練」『大村はま国語教室　月報1』筑摩書房，
　　　1982年。
（4）　（1）と同じ，65〜70頁。
（5）　佐藤　学『教育改革をデザインする』・岩波書店，1999年，130頁。
（6）　『教え方のプロ向山洋一全集1・二十一世紀型教師・プロへの道』明治図書，1999
　　　年，149頁。
（7）　鶴田清司「国語科の授業研究をどう進めるか—新しい授業研究の方法」田近洵一編
　　　『国語教育の再生と創造』教育出版，1996年，222〜235頁。
（8）　齋藤　孝『「できる人」はどこがちがうのか』ちくま新書，2001年。

参考文献
鶴田清司『国語科教師の専門的力量の形成—授業の質を高めるために』溪水社，2007年。

第2節　国語科教育の研究方法入門

　本節で考察対象とする「国語科教育の研究方法」とは，「国語科教育学の研究方法」と同じ意味だと考える。また，その「国語科教育学の研究方法」へのアプローチには，さまざまなものが考えられるが，本節では，「研究方法」は，〈「論文」執筆法〉に集約できると考え，また「入門」とは，その直接的対象者が，「初心者」であると考え，そうした点に焦点を当てた説明を心がけたいと思う。

1　国語科教育学研究における研究方法・論文執筆法への関心度

　国語科教育学研究における「研究方法」への関心は，ともすれば薄く，その本格的関心は近年のものだといえよう。こうした状況の概要等について，ここではその要点二つを記すことにしよう。

　一つは国語科教育学の学的出発の時期の問題であり，もう一つは日本の大学で起こりやすかった「講壇化先行現象」である。

　国語科教育学の「学」的出発点については，いくつかの考えが可能であるが，「学会」の発足という点からすれば，国語科教育学に関する本格的な唯一の学会であるとしてよい全国大学国語教育学会の発足に焦点を当てればよいであろう。その発足は，1950年9月21日のことであった。国語科教育学の上位概念である「教科教育学」の一つとしての発足でもあったという把握の仕方も可能であろう。もう一度発足時期を具体的にいえば，たとえば，国語教育に関わる国語学，国文学等と比べても遅い出発であったから，とにかく，他の諸学から「公認」されるための格闘をおこなわざるをえず，「研究方法」への吟味は必ずしも十分なものとならなかった一因となった。こうした或る意味での未成熟性にもかかわらず，日本における大学の特性もあり，大学のなかに「講座」を持つという「講壇化」はいち早くおこなわれた。「講壇化先行現象」とも呼ぶべきこの現象は，国語科教育学における方法論問題の上にも複雑な影を落とした

のである。

　ところで，研究方法論の成熟度は，具体的には，卒業・修士・博士論文指導の上に現れるといってよい。ここでも，結論的に述べることになるが，指導教官等の個人的ノウ・ハウを越えて，各大学の国語科教育学専攻学生に共通する卒業・修士・博士論文指導の本格的考察は，未だおこなわれていないのが実態である。たとえば，『国語科教育学研究の成果と展望』に収められている佐渡島紗織による「(国語科教育学研究方法論の教育) 外国における教育—アメリカ・イリノイ大学大学院の場合—」[1] における論文指導などと比較するとわが国における論文指導の整備，その蓄積・共有化は，これからの課題であることが明瞭となろう。佐渡島は，その成果を発展させて以下も発刊した。

　　佐渡島紗織・吉野亜矢子『これから研究を書くひとのためのガイドブック』
　　　ひつじ書房，2008年。

　佐渡島（ら）は，早稲田大学アカデミック・ライティング教育部門（GEC が提供する五つの基盤教育部門の一つ）として，「ライティング・センター」を立ち上げ（2004年），現在は，初年次生向けの授業「学術的文章の作成」と相まっての実践を積み上げており，佐渡島は，現在その「部門長（教授）」の位置にある。

　国語科教育学会としても，こうした積み上げにならいつつ，「論文作成」についての，全国的な集約・浸透が今後の課題となろう。なお，早稲田大学ライティング・センターについては次を参照されたい。[https://www.waseda.jp/inst/aw/about/what]（2020年11月10日最終閲覧）

2　論文執筆の具体的留意点

　上述したように，「研究方法」とは，「『論文』執筆方法」のことだというのが，筆者の立場である。ちなみに，ここでいう，「論文」とは，所謂「学術論文」のことであり，その条件は，端的にいえば，自身の説・論の新しさを「先行研究」のなかに位置づけることと，「(たとえば，随筆的・文学的文章ではなく) 論文的な文体」で叙述することの二つとなる。(ただし，「学術論文」,「随筆的・文学的文章」および「主張の明快さ」が生命線で，先行研究中における定位の

厳密さは，必ずしも求められない「評論」を加えて）三種の文章は，その形態・役割がそれぞれ異なっている。決して，「価値序列」を示すものではないことにも留意すべきであろう。

（1）案内としての辞典・事典を調べる

該当テーマの研究実態を入門的に知る第一の方法は，辞書・事典の検索であろう。国語科教育学全般にわたるものに限定するが，主な辞典・事典等を示すことにしよう。また，ここでの表示は，文献名に止めることにしたい。

国語教育研究所編『国語教育研究大辞典』（明治図書，1988年）

日本国語教育学会編『国語教育総合事典』（朝倉書店，2011年）

上の二冊ほどのスケールの大きさはないが，もう少し簡便なものとしては，以下などがあり，値段的にも求めやすいものとなっている。

田近洵一・井上尚美・中村和弘編『国語教育指導用語辞典（第五版）』（教育
　　出版，2018年）

大平浩哉・鳴島甫編『高等学校国語教育情報事典』（大修館書店，1992年）

大槻和夫編『重要用語300の基礎知識3　国語科重要用語300の基礎知識』（明
　　治図書，2001年）

辞書・辞典を越える，より具体的なものについては，次節「国語科教育の基本文献」を参照されたい。また，国語科教育学関係のホームページのうち，最も充実しているものに鶴田清司の次のものがある。活用されたい。［http://stsuruda.la.coocan.jp/］（2020年11月10日最終閲覧）

（2）対象世界に浸る

直接的には，詩歌教育研究に関する提言であったが，「慣れよ，しかる後に分析せよ。」[2]というのが，筆者の「論文」執筆に対する基本的態度である。対象テーマに関する文献を，まずは10冊程度読んだり，特定個人が研究対象である場合は，その全集を読破するなどして，研究対象の世界に浸る体験が必要である。（全集読破の場合は，第一ラウンドにおいては，余り細部を気にせずに，「一気に」読み切ることが大切である。ここで，愚図愚図していると，いつまでも時間がかかってしまい，その後の進展もはかばかしくないのが，筆者の指導体験であ

る。）次に述べる「論文の書き方」などを知らなくても，一定以上の文献を読み，一定以上の文章を書くと，或る程度のところに達するものである。

（3）「論文の書き方」本を読む

　上述したように，所謂「論文の書き方」本などを読まなくても，或る程度のところには達するものであるが，一方からすると，それはいかにも無駄が多い。多くの人にとっては，最初か，または，或る程度初期の頃に，「論文の書き方」本数冊を読んでおくことが実際的であろう。

　本節の1でも述べたところからも推測可能なように，「論文の書き方」については，わが国の文科系には，まだ決定版といったものが出ていない。たとえば，米国におけるMLA（Modern Language Association of America）ハンドブックのような，広く公認されているものはない〔次などを参照。The Modern Language Association of America, MLA Handbook（ninth edition），（2021）.／ジョゼフ・ジバルディ（Joseph Gibaldi），原田敬一（監修），樋口昌幸（訳編）『MLA 英語論文の手引（第6版）』（北星堂書店，2005）／J.F. トリマー（丸橋良雄・日高真帆訳）『MLA 英語論文作成ガイド—補遺・APA 方式（第8版）』（英光社，2011）〕。筆者の目にした100冊ほどの「論文の書き方」本においても，澤田昭夫『論文の書き方』（講談社，1977年）等を例外として，多くの「論文の書き方」本は，「論文の書き方」に関する先行本が視野に入っていず，個人等の体験披瀝が中心となっている。

　「論文の書き方」本についての主要文献の簡単な解題については，かつても述べたことがあるが[3]本書に許されたスペースの制約もある。ここでは，佐渡島（2008）以前のもので，筆者の立場から，推薦できると思われる数冊についての簡単な解題を示すことにしよう。

　　斉藤孝・西岡達裕『学術論文の技法・新訂版』日本エディタースクール出版
　　　部，2005年。

　　　「学術論文」とは何か，を広く本格的に論じて，広く読まれた「論文の書き方」
　　　の基本図書ともいえる一冊。人文科学・社会科学を直接の対象としているが，他
　　　の分野においても充分に参考となる。「論文の書き方」の代表的なものであった
　　　斉藤による同名のものの新訂版。

新堀聡『評価される博士・修士卒業論文の書き方・考え方』同文館出版，
　2002年。

　　卒業論文のみでなく，修士論文，博士論文を視野にいれたもの。論文とは何か
　を説明し，その具体的手順を示す。日米の参考文献，学位に関する法令・規則に
　ついても記す。

木下是雄『理科系の作文技術』中央公論社，1981年。

　　著者自身の体験による具体例なども交えながら，明快に論じた一冊。正に，表
　題通りの一冊であるが，理科系を越えて，広く愛読されている。

阪田せい子／ロイ・ラーク『だれも教えなかった論文・レポートの書き方』
　黎明出版，1998年。

　　「論文の書き方」本に見られるハウ・ツー的題名となっているが，近年の成果
　もふまえながらの新しさ，具体性が際立っていることは，たとえば，文献提示の
　シカゴ式，ハーバード式の説明に見られる通りである。

（4）各分野別研究の到達点と課題を知る

　各分野別については，多くの著書が出版されているが，全国大学国語教育学
会編の『国語科教育学研究の成果と展望』（明治図書，2002年）（＊『Ⅰ』と略記）
及び『国語科教育学研究の成果と展望Ⅱ』（学芸図書，2013年）（＊『Ⅱ』と略記）
が，その充実度において群を抜いている。『Ⅰ』は540頁，『Ⅱ』は，577頁に及
ぶ大著であり，多くの文献を踏まえた叙述となっているから，初心の者にとっ
ては，読み抜くのには，多少の困難さがあろう。が，この一冊を熟読すれば，
国語科教育学研究の現在を，「到達点と課題」という形で知ることができる。
正に「必読の書」といえよう。

　また，この本の章・節構成を何度か書き写す（あるいは，パソコン等に打ち込
む）のは，国語科教育学研究には，どうした分野があり，どのような研究成果
と課題があるのかを知る最も実際的な方法であろう。

　ここでは，『Ⅱ』の8章の構成のみを記しておこう。

Ⅰ　国語教育基礎論に関する研究の成果と展望

Ⅱ　話すこと・聞くことの学習指導に関する研究の成果と展望

Ⅲ　書くこと（作文）の学習指導に関する研究の成果と展望

Ⅳ　読むことの学習指導に関する研究の成果と展望

Ⅴ　日本語基礎事項の学習指導に関する研究の成果と展望

Ⅵ　メディア教育，リテラシーに関する研究の成果と展望

Ⅶ　国語科教師教育に関する研究の成果と展望

Ⅷ　国語科教育学研究方法論に関する成果と展望

全国大学国語教育学会は，上述の『Ⅰ』を簡便・展開化した次も発刊している。

全国大学国語教育学会編『国語科教育実践・研究必携』学芸図書，2009年。

（5）「論文体文章」を実際に書く〜「引用」の有効性も視野に入れながら〜

　人間の種々の営みには，実際に体験してみないと納得できないものが多い。「論文」を書くことも例外ではないから，「論文の書き方」は，実際に「論文的文章」を書くことによって体験できるところが多い。だから，「ただ好きなものをたくさん読めばいいのです。読む方法など考えずに本に親しめばいいのです。」[4] にならうならば，「書く方法など考えずに，書けばいいのだ」の部分は間違いなく存在する。

　なお，「論文体文章」を書く際の「引用」の有効性について付け加えたい。筆者の学生時代の記憶によれば，論文などを書く際に挙げられる「避けなければならないこと」の第一は「引用の多用」であった。「引用ばかり」というのは，論文を非難する場合の常套句でさえあった。しかし，こうした認識は不十分なものであろう。「引用」を活用することは次の四つの点で有効である。

　一つは，「引用」の正確な使用法に慣れるからである。初心の者にとって引用を正確に行うことの重要さは案外無視されている。引用文献からの正確な文言の引用，その引用文献名の表示などなされていない論文は少なくないのである。

　第二は，正確な引用によって，論じようとする論文の「調子」を実感できるのである。

　第三は，引用を通して，（その引用論文が優れたものである場合は特に）「論文」の何たるかを実感するのである。

　第四は，元気が出るのである。「引用」をおこなうと論文の分量が増えるこ

とが多い。この「分量」が書いているものに元気を与えるのである。この元気によって，より本質的なものが引き出されることが少なくないところが論文を書く妙味である。

（6）（1）〜（5）の相互交流性

　以上，「論文執筆の具体的留意点」として「（1）案内としての辞典・事典を調べる」，「（2）対象世界に浸る」，「（3）『論文の書き方』本を読む」，「（4）各分野別研究の到達点と課題を知る」，「（5）『論文体文章』を実際に書く」の5点から論じてきた。最後に，その相互交流性について指摘しておきたい。つまり，（1）〜（5）の5点は，必ずしも「順序」ではないということだ。たとえば，（1）〜（4）が完了しなければ，（5）に取りかかってはいけないということではない。また，それぞれの段階で，もう一度他の段階を振り返ることをしてはいけないということでも，もちろんない。手引や入門書，また時には先達の言にも，これが踏み外してはならない「順序」だと強調するものなどもある。が，それらの多くは，出来上がった形から，その「順序」を逆算しているのにすぎないのである。多くの段階を行き来することは，本質的なことであり，特に初心者に必要な留意点なのである。　　　　　　　　　　　［望月　善次］

注

（1）　全国大学国語教育学会編『国語科教育学研究の成果と展望』明治図書，2002年，520〜523頁。
（2）　望月善次『論争・詩の解釈と授業』明治図書，1992年参照。
（3）　望月善次「国語科教育文献探索法」望月善次・飛田多喜雄編『国語科教育学—到達点と今後の展望—』日本教育図書センター，1988年，1989改訂，347〜472頁。
（4）　宇佐美寛『論理的思考—論説文の読み書きにおいて—』メヂカルフレンド社，1979年，1989年新版，153頁。

参考文献

望月善次「国語科教育学研究における研究方法論の位置」全国大学国語教育学会編『国語科教育学研究の成果と展望』明治図書，2002年。
全国大学国語教育学会編『国語科教育学研究の成果と展望　Ⅱ』学芸図書，2013年。全国大学国語教育学会による「成果と展望」は，原則的には10年を目安としている。「Ⅲ」の企画はすでにスタートしたと聞いている。数年後には，発刊が実現されるだろう。

第3節 国語科教育の基本文献

　国語科教育を研究する人のために選んだ，ベストセレクションである。国語科の領域別に，基本文献を選び，本の内容についてわかりやすく解説した。

1　総論

鶴田清司『国語科教師の専門的力量の形成─授業の質を高めるために』溪水社，2007年

　　近年，教師の資質向上の必要が叫ばれるなかで，そもそも教師の専門的力量とは何か，それをいかに高めるかという重要な課題に対して，大学教育（養成教育）および現職教育の両面から，著者自身の実践事例も紹介しながらアプローチしている。制度面の改革のみならず，根本的には教師が自ら「学び続けること・学び合うこと」が最も重要であるという結論が示されている。

全国大学国語教育学会編『国語科教育学研究の成果と展望Ⅱ』明治図書，2013年

　　国語科教育の領域別研究史を解説した本であり，研究の最前線がわかる。国語科教育の基礎論，話すこと・聞くこと，書くこと，読むこと，言語事項，メディアの利用と教育，研究方法論など，これから国語科教育の研究に取り組もうとする人には，不可欠の文献である。

田近洵一『現代国語教育史研究』冨山房インターナショナル，2013年

　　国語科の成立（明治33年）以来，国語教育は長い歴史をもっている。本書は，明治・大正，昭和前期・昭和後期の代表的な国語教育理論を取り上げて，その継承と批判という点から，現代国語教育の歴史をふりかえる。国語教育の探求・革新，読解指導の革新，教育課程の史的展開，教科書史の研究など，国語教育において何が課題であったか，その歴史を現代の国語科の理論と方法につなげている。

鶴田清司『教科の本質をふまえたコンピテンシー・ベースの国語科授業づくり』明治図書，2020年

　　各教科の知識・技能を中心としたコンテンツ・ベースの教育を超えて，論理的思考力・表現力，コミュニケーション能力，協働的な問題解決能力といった教科横断的かつ汎用性の高い認知的・社会的スキルを軸にしたコンピテンシー・ベースの教育における国語科授業のあり方を提案している。国際的な教育動向や2017年版学習指導要領における「資質・能力」観もふまえつつ，著者独自の見解が示されている。

「読み」の授業研究会編『国語授業の改革18　国語の授業で「深い学び」をどう実現していくか─「言葉による見方・考え方」の解明と教材研究の深化』学文社，2018年

　　2017年版学習指導要領で重視されている「主体的・対話的で深い学び」の「深い学び」について，さまざまな角度から検討している。巻頭で阿部昇が「深い学び」と「言葉による見方・考え方」の関係，国語科の教科内容の未解明と「言葉による見方・考え方」の曖昧さの関係などについて論じている。また物語・小説，説明文・論説文等の授業で「深い学び」を実現する方策を，教科書教材を取り上げながら提案している。吉田裕久，石井英真らも「深い学び」についての提言をおこなっている。

２　読むこと（文学作品）

『西郷竹彦文芸・教育全集』全33巻・別巻３　恒文社，1999年

　　西郷竹彦『教師のための文芸学入門』（明治図書，1968年）は，著者自身による「ごんぎつね」の授業をとおして，わが国の教育界において文芸学を誕生させることになったものである。教育界では「西郷文芸学」と呼ばれる。それを含む文芸学を学ぶ全国の教師（文芸教育研究協議会）との実践研究の成果をまとめた全集である。教育論，文芸の世界，文芸学講座，実験授業，対談・論争などさまざまな角度から国語科教育について先進的に論じている。「教育の良心」（大田堯），「深い思索と実践の統一」（木下順二）などと高く評価されている。

田中実『小説の力─新しい作品論のために』大修館書店，1996年

　　小説の再生にむけた刺激的な小説教材論。気鋭の近代文学研究者による小説教材論で，「走れメロス」「夏の葬列」などの中学教材，「羅生門」「舞姫」「こゝろ」「山月記」など高校の代表的な小説教材について，既成の作品論を批判し，新たな小説の力を引き出している。著者には『読みのアナーキーを超えて』（右文書院，1997年）という著作もある。

北原保雄監修『小学国語　古典音読資料集』日本教材システム，2009年

　　『明鏡国語辞典』（大修館書店），『問題な日本語』（同）の監修者，北原保雄の監修による，小学校高学年（５年，６年）の古典音読資料集である。本書は，近代の文語詩，近世・近代の俳句・短歌，和歌・漢詩のほか，ことわざ，狂言，紀行文，唱歌など，多様なジャンルから，音読教材に適した古典を精選している。

阿部昇『物語・小説「読み」の授業のための教材研究—「言葉による見方・考え方」を鍛える教材の探究』明治図書，2019年

　　物語・小説の教材研究が弱いために，国語の授業で「深い学び」が展開できないことを指摘したうえで，小学校の「スイミー」「お手紙」「一つの花」「大造じいさんとガン」「海の命」，中学校の「少年の日の思い出」「字のない葉書」「故郷」について詳細な教材研究を示した。作品構造を俯瞰的に読む→作品の仕掛け・レトリックを読む→作品を吟味・批評・批判する—という教材研究を展開した。先行研究にない新しい切り口を提案している。

阿部昇『増補改訂版 国語力をつける物語・小説の「読み」の授業—「言葉による見方・考え方」を鍛えるあたらしい授業の提案』明治図書，2020年

　　物語・小説の教科内容と指導過程について，構造よみ，形象よみ，吟味よみという三つの観点から提案した著作。作品構造，形象やレトリック，作品批評といった2017年版学習指導要領でも重視されている要素が先進的に示されている。「モチモチの木」（斎藤隆介），「ごんぎつね」（新美南吉），「走れメロス」（太宰治）の詳細な教材研究も含まれる。

3　読むこと（説明的文章）

渋谷孝『説明的文章の教材本質論』明治図書，1984年

　　説明文（説明的文章）は，文学（文学的文章）とともに，国語科の主要な教材である。本書は，説明文とその読み方教育について，文章論，教材論，授業論などの観点から述べた，説明文の本格的な教材論である。著者には『説明的文章の指導過程論』（明治図書，1973年），『説明的文章の教材研究論』（明治図書，1980年），『説明文教材の新しい教え方』（明治図書，1999年）等の著作もある。

小田迪夫『説明文教材の授業改革論』明治図書，1986年

　　著者は，説明文を表現論の立場から分析する研究者である。本書は，表現研究をふまえて，説明文・論説文の読みを活性化するために，説明文・論説文をロジック（論理）の面からだけでなく，ロジックを相手に伝えるレトリック（修辞）の面からもみていくことを主張する。

阿部昇『文章吟味力を鍛える—教科書・メディア・総合の吟味』明治図書，2003年

　　これまでの説明的文章の指導論を批判的に検討し，著者自身の新しい説明的文章の読み方の理論（構造よみ，論理よみ，吟味よみ）を提案している。授業づくりの

ための新しい視点から，有名教材の分析・批判をスリリングに展開している。新聞
記事の比べ読み，社会科教科書・理科教科書の批判的な読みも展開している。

**河野順子『〈対話〉による説明的文章の学習指導―メタ認知の内面化の理論提案を中
心に』風間書房，2006年**

　説明文の学習指導を「学習者の側に立つ」授業にしたい。そのために〈対話〉と
いう概念を導入し，新たな説明文の読みの授業を追求した著作である。学習者がす
でにもっている知識を想起し，学習者自らが生きて働く力として再構成していく授
業を追求し，多くの臨床的実践を通してメタ認知の内面化モデルを仮説として提案
している。

間瀬茂夫『説明的文章の読みの学力形成論』渓水社，2017年

　説明的文章の読みでは，どのような学習過程を通して国語学力が形成されるか，
読みの学力形成論の研究である。文章の理解においては，文章の論理を理解するだ
けでなく，読み手は推論によって理解しようとする。その「推論的読み」に注目し，
文書の論理構造を読み手による推論の働きと仮説し，説明的文章の理解行為の全体
的な把握，学習者同士の読みの協同的過程を明らかにしている。

**吉川芳則『論理的思考力を育てる！批判的読み（クリティカル・リーディング）の授
業づくり―説明的文章の指導が変わる理論と方法』明治図書，2017年**

　説明的文章の批判的読みについて理論的・実践的に検討をしている。批判的読み
の授業づくりのポイントを，文章の全体構造を重視しながら，序論部・本論部・結
論部それぞれの妥当性を検討するための切り口を示した。そのうえで，「『鳥獣戯
画』を読む」「モアイは語る」などの小中の教科書の説明的文章教材を取り上げ，
批判的読みの授業デザインを提示している。

4　書くこと（作文）

青木幹勇『第三の書く』国土社，1986年

　著者は「第三の書く」の提唱者として知られている。書写を第一の書く，作文を
第二の書くとすると，視写する，聴写する，メモをとる，書き込みをする，などの
作文を，著者は「第三の書く」と名づけた。文章の読みを支える多様な書く作業に
着目した作文指導であり，変身作文などユニークな作文を生み出した。関連の著書
として，編著『授業が変わる「第三の書く」』（国土社，1987年），『「第三の書く」の
授業展開』（国土社，1993年）等がある。

大西道雄『短作文の授業』国土社，1991年

　短作文は新しい作文教育のジャンルである。現代の情報化社会においては，情報処理において短作文のスキルが求められている。本書は，小学校，中学校の作文の時間において，短作文指導の具体的な方法を示し，短作文のスキルとして「創構のスキル」という考え方を主張している。著者には『作文教育における創構指導の研究』（溪水社，1997年）という研究書がある。

見たこと作文研究会編『見たこと作文でクラスが動く』学事出版，1993年

　見たこと作文は，上條晴夫『見たこと作文でふしぎ発見』（学事出版，1990年）によって提唱された作文教育論である。「したこと」でなく「見たこと」を書く作文であり，本書の実践では，子どもたちは，たんぽぽ，ごみ箱，磁石，魚，スルメ，犬のつめ，などの題材に対して，「見たこと」の発見・追究のプロセスを生き生きと作文に書いている。「したこと」作文からの脱却をはかったユニークな作文教育論である。

大内善一『国語科授業改革への実践的提言』溪水社，2012年

　本書は著者の講演記録をもとに編集されている。国語科授業作りの方法と課題に関する内容が中心である。「書くこと（作文）」領域では，作文教育における「生活（＝内容）」と「表現（＝形式）」を一元化する理論的根拠に関する考察，追究と発見，および遊び心のある授業の創造，想像的・創造的・説得的な表現能力の育成，「詩や短歌，俳句，物語や随筆」等の創作文指導などについて実践的に述べている。

金子泰子『大学における文章表現指導―実践の記述と考察から指導計画の提案まで』溪水社，2016年

　著者は30年間，大学において文章表現指導に取り組んできた。その実践を記述し，考察し，評価しながら，高等教育における文章表現指導のあり方を探求している。わが国の作文教育史と欧米の作文教育に学びながら，関連科学としての認知科学の知見を取り入れ，自らの長い大学での実践史をふまえて，大学教育にふさわしい文章表現の指導計画を提案している。

児玉忠『詩の教材研究―「創作」のレトリックを活かす』教育出版，2017年

　詩の教育には，読むこと（受容）と書くこと（創作）の二つの分野がある。本書は，その二つの分野を学習指導において相互に関連・往還させる教育のあり方を追求している。受容と創作の接点として，八つのレトリック（視点・語り手，発想・認識，想像・イメージ，比喩・象徴，オノマトペ，音韻・リズム，文字・フォルム，方言・語り口）を提案している。巻末に児童詩教育の歴史がまとめられている。

5　話すこと・聞くこと（音声言語）

高橋俊三『群読の授業─子どもたちと教室を活性化させる』明治図書，1990年

　　音声言語教育の音読・朗読の世界に，群読という新しい方法を導入した著作。著者は群読の特徴として，学び合い，響き合い，聞き合いの三つをあげている。また，群読は国語科の総合学習であり，文字言語と音声言語，理解学習と表現学習，言語論理と言語感覚を，同時的に両立させると考えている。本書には豊富な実践例が取り上げられている。著者には『対話能力を磨く』（明治図書，1993年）という著作もある。

有働玲子『声の復権─教室に読み聞かせを』明治図書，2001年

　　読み聞かせによる「声の復権」を主張した著作である。読み聞かせは身近な言語活動であるが，その研究は進んでいない。著者は，音声言語教育の豊富な実践経験をふまえて，国語科教育としての読み聞かせの特徴として，交流の場を生む言語活動であること，読みの世界を広げるきっかけになること，国語科の基礎学習になることの3点をあげている。巻末の「読み聞かせに適した図書一覧」も参考になる。

山元悦子『発達モデルに依拠した言語コミュニケーション能力育成のための実践開発と評価』渓水社，2016年

　　本書では，「言語コミュニケーション能力」を「社会を他者と共に生きるための実効性を持った言語行為を遂行できる能力」と規定している。そして，実証的な発達調査の結果に基づいてコミュニケーションの発達モデルを作成し，それをふまえて幼児期，小学校，中学校のカリキュラム開発，実践開発（特に「話し合い」の授業づくり）とその評価指標の開発を試みている。

6　PISA 型「読解力」

柴田義松『批判的思考力を育てる─授業と学習集団の実践』日本標準，2006年

　　批判的思考力の育成の重要性を指摘しつつ，その育成の方法について論じている。特に「批判的リテラシー」の教育が重要であることを述べている。そして，その指導は，国語の授業で学習集団を生かすかたちで展開することが極めて有効であると指摘している。そのなかで「学びの共同体」批判も展開している。また，「読み」の授業研究会など民間の教育研究団体の批判的・吟味読みの研究・実践の成果を評価しつつ，それらをさらにどう発展させていけばよいかについても提案している。

堀江祐爾『国語科授業のための5つのポイント―よりよい授業づくりをめざして』明治図書，2007年

　本書は，PISA 型読解力に対応した，これからの国語科授業再生のために，五つのポイントを示している。①年間指導計画の観点をもつ，②「つけたい力」を見通して授業を作る，③学びのめあてをくだく，④「伝え合い」の場をくり返し設ける，⑤メタ認知まで導き学びの自覚をうながす，という5点である。この五つの提言は，すべて著者のかかわった実践例でもって実証されている。

科学的『読み』の授業研究会編『国語授業の改革8　PISA 型「読解力」を超える国語授業の新展開』学文社，2008年

　OECD（経済協力開発機構）生徒の学習到達度調査（PISA）の「読解力」（Reading Literacy）で，日本の学力が下がり続け，教育界では PISA ショックと呼ばれる現象が起こった。本書は，その事態を冷静に分析し，科学的『読み』の授業研究会を中心とした国語教育の研究者，実践家によって，読解力に関する問題の分析と，PISA 型読解力を超える実践的提案をおこなった論文集である。

有元秀文『PISA 型読解力が必ず育つ10の鉄則』明治図書，2008年

　著者は，これまで，『PISA 型読解力が育つ七つの授業改革』（明治図書），『教科書教材で出来る PISA 型読解力の授業プラン』（同）などの著作で，PISA 型読解力の具体的な実践を数多く提案してきた。本書では，PISA 型読解力の育つ授業を「10の鉄則」にまとめ，それに基づく実践プランを提示している。特に，「本文を疑う」クリティカル・リーディングの必要性を強調している。

7　言語活動とアクティブ・ラーニング

田中宏幸・大滝一登編『中学校・高等学校　言語活動を軸とした国語授業の改革10のキーワード』三省堂，2012年

　本書は，岡山県の中学・高校・大学の国語科教員による，言語活動の実践的提案の著作である。言語活動を10のキーワードに絞り込み，10の実践例が紹介されている。たとえば，評価しながら読ませる（「モアイは語る」他），他の情報と比較して読ませる（村上春樹「アンダーグラウンド」他）などである。いずれも多種多様な言語活動が展開されていて，「生徒が主体的に思考する授業」（大滝），「生徒が学びの主体となる授業」（田中）をめざしている。

高木まさき『国語科における言語活動の授業づくり入門―指導事項の「分割」と「分析」を通して』教育開発研究所，2013年

　　著者は，これからの国語科教育をリテラシーの育成と考えている。また，そのリテラシーは，「社会に適応するためではなく，社会に立ち向かい新たな価値を創出するための武器でなければならない」とし，そのために言語活動を充実していく，という考えである。また，言語活動の充実のために，指導事項の「分割」と「分析」を提案している。

阿部昇『確かな学力を育てるアクティブ・ラーニングを生かした探究型の授業づくり―主体・協働・対話で深い学びを実現する』明治図書，2016年

　　国語科教育に特化したものでないが，それを含みつつ「アクティブ・ラーニング」を生かすための指導方法について多面的に論じている。内言の外言化，対話のもつ創造性，アクティブ・ラーニングの指導の方法，教材研究の方法性等を示している。アクティブ・ラーニングを生かした小学校の古典授業も紹介している。

全国国語授業研究会，筑波大学附属小学校国語研究部『子どもと創るアクティブ・ラーニングの国語授業―授業者からの提案』東洋館出版社，2016年

　　国語の授業をアクティブ・ラーニングの観点からとらえ直し，実践したものを紹介している。筑波大学附属小学校の教師集団の優れた実践を多く掲載している。同時に，アクティブ・ラーニングを国語の授業で生かしていくための指導のヒントも具体的に示してある。

「読み」の授業研究会編『国語授業の改革17　国語の授業で「主体的・対話的で深い学び」をどう実現するか』学文社，2017年

　　2017年版学習指導要領では「主体的・対話的で深い学び」が課題である。本書はこの課題を批判的にとらえて，子どもが「主体的」に参加する国語の授業，「深い学び」を生み出す有効な「対話」が生まれる国語の授業を実現するために，豊富な教材と授業例でその道筋を示している。『国語授業の改革』17冊目。『国語授業の改革1　新学習指導要領 国語科新教材の徹底分析』（2001年）から，「読み」の授業研究会の総力を挙げて刊行してきた実践シリーズの一つである。

　　　　　　　　　　　　　　　　　　　　　　　　　　　　［足立　悦男，阿部　昇］

索　引

柴田 義松（しばた よしまつ）

　1930年生まれ
　東京大学名誉教授
　〈主要著書〉
　『読書算はなぜ基礎学力か』明治図書
　『21世紀を拓く教授学』明治図書，ほか

阿部 昇（あべ のぼる）

　1954年生まれ
　秋田大学大学院教育学研究科特別教授，秋田大学名誉教授
　東京未来大学特任教授
　〈主要著書〉
　『増補改訂版 国語力をつける物語・小説の「読み」の授業―「言葉
　による見方・考え方」を鍛えるあたらしい授業の提案』明治図書
　『文章吟味力を鍛える―教科書・メディア・総合の吟味』明治図
　書，ほか

鶴田 清司（つるだ せいじ）

　1955年生まれ
　都留文科大学文学部教授
　〈主要著書〉
　『〈解釈〉と〈分析〉の統合をめざす文学教育―新しい解釈学理論
　を手がかりに』学文社
　『国語科教師の専門的力量の形成―授業の質を高めるために』溪
　水社，ほか

あたらしい国語科指導法（六訂版）

2003年 3 月31日	第一版第 1 刷発行
2005年 4 月 5 日	改訂版第 1 刷発行
2010年 3 月30日	三訂版第 1 刷発行
2014年 3 月10日	四訂版第 1 刷発行
2018年 3 月20日	五訂版第 1 刷発行
2021年 3 月10日	六訂版第 1 刷発行
2021年11月10日	六訂版第 2 刷発行

　　　　　　　　　　　　　　　　　　　　　柴田 義松
　　　　　　　　　　　　　　　編著者　阿部 昇
　　　　　　　　　　　　　　　　　　　　　鶴田 清司

発行者　田 中 千津子　　　〒153-0064東京都目黒区下目黒3-6-1
　　　　　　　　　　　　　　電話　03（3715）1501代
発行所　株式会社 学 文 社　　FAX　03（3715）2012
　　　　　　　　　　　　　　http://www.gakubunsha.com

ⓒ Y. Shibata/N. Abe/S. Tsuruda 2021　　　印刷／シナノ印刷
乱丁・落丁の場合は本社でお取替します。
定価はカバーに表示。

ISBN 978-4-7620-3044-4

教育の
方法と技術 改訂版

柴田義松 編著

Ａ５判●１６０頁
定価１９８０円

教師の仕事につくことを志す学生に向け教職への入門書の一つとして、教師がもつべき専門的教養の中核となる「教育の方法・技術」とはどのようなものであるかを解説。

授業をつくる!
最新小学校理科
教育法

左巻健男・山下芳樹・石渡正志 編

Ｂ５判●１８４頁
定価２５３０円

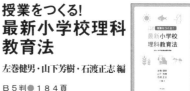

2017年学習指導要領準拠の、最新の教職課程・小学校「理科教育法」「理科指導法」用テキスト。授業づくりを念頭においた章構成を展開。授業づくりのために必要な知識・考え方を提示。

小学校の体育
授業づくり入門
第六版

鈴木秀人・山本理人
杉山哲司・佐藤善人 編著

Ａ５判●３３６頁
定価２８６０円

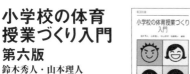

体育の授業はどうつくる？ 運動が苦手でも体育の授業はできる!基礎理論から授業実践まで、基礎をおさえてやさしく解説。授業実践記録を収録! 楽しい授業づくりのヒントが満載!

新しい時代の
英語科教育法

小中高を一貫した理論と実践

木村松雄 編著

Ｂ５判●３０８頁
定価３９６０円

2017・2018年版学習指導要領の「コアカリキュラム」に対応。大学で英語科教育法を担当する研究者教員と教育現場において先端の英語教育を実践する実践家教員の理論と実践の融合。

〈解釈〉と〈分析〉
の統合をめざす
文学教育 〈電子版〉

鶴田清司 著

Ａ５判●６９８頁
定価１９８００円

「物語や小説を読む」「テキストの意味が分かる」とはどういうことなのか。ガダマーやリクールらの解釈学を手がかりに、根源的な問題を視野に入れた文学教育論を構築。

国語授業の
改革シリーズ

Ａ５判●１９２頁
各巻 定価２５３０円

「読み」の授業研究会 編

18 国語の授業で「深い学び」をどう実現していくか
「言葉による見方・考え方」の解明と教材研究の深化

19 国語の授業で「言葉による見方・考え方」をどう鍛えるのか
「主体的・対話的で深い学び」の実現をめざして

2021年2月現在の書籍情報です。
（定価は税込）